18歳からの「大人の学び」基礎講座

向後千春
Chiharu KOGO

学ぶ，書く，リサーチする，生きる

Study Skills
Writing Skills
Research Skills
Life Skills

北大路書房

推薦のことば

豊富な実践経験と理論に裏付けされた，
しっかり学びしっかり生きるためのしっかりとしたガイド。

インストラクショナルデザイン（教えることの科学と技術）研究者
熊本大学教授　鈴木克明

はじめに

　この本は，大学に入学して，まず最初に学んでおくことをまとめたテキストです。具体的には，以下の4つのスキルを身につけることを目標としています。

1. 学ぶスキル（Study Skills）
2. 書くスキル（Writing Skills）
3. リサーチスキル（Research Skills）
4. 生きるスキル（Life Skills）

　「学ぶスキル」は，高校までの勉強方法から大きく変わる，大学での勉強の仕方の基礎となります。「書くスキル」は，学んだことを自分の考えとして表現するために必要です。「リサーチスキル」は，社会現象を解明し，問題解決を探るための基本的な姿勢です。そして，「生きるスキル」は，あなたの人生を意味あるものとして生きるための考え方を身につけます。

　大学生には，まず，この4つのスキルを身につけてほしいと考えています。そうすれば，大学の4年間を意味ある時間として自分を鍛えることができるでしょう。同時に，これらのスキルは，皆さんが社会に出たときにも役に立つスキルとなるでしょう。

　すでに社会人として働いている人が，大学や大学院に戻って勉強を再開することも増えています。この本は，そうした人たちにも読んでいただけるように作りました。役に立てていただければ本望です。

2016年8月　向後千春

謝辞

　この本の「1. 学ぶスキル」と「2. 書くスキル」は，早稲田大学人間科学部eスクールの授業のために作成した「スタディスキル」のテキストをもとにしています。このテキストを長く改善してくれたeスクール教育コーチの皆さんとeスクールの学生の皆さんに感謝します。「3. リサーチスキル」は，向後ゼミのコースワーク教材をもとにしています。向後ゼミの教育コーチとティーチングアシスタントの皆さんに感謝します。「4. 生きるスキル」は，早稲田大学エクステンションセンターでのアドラー心理学の授業教材をもとにしています。いつも手伝ってくれる早稲田大学アドラー心理学研究会のメンバーに感謝します。また，この章のイラストは，伊澤 萌さんによるものです。記して感謝します。

もくじ

1. 学ぶスキル (Study Skills)……13

- 1.1 ノートを取る……14
  - 1.1.1 コーネル式ノートの取り方
  - 1.1.2 マインドマップでノートを取る
  - 1.1.3 ノートを取ることが重要である根拠
  - 1.1.4 自分に合ったノートの取り方を見つけよう
  - 自己鍛錬 「コーネル式とマインドマップでノートを取ろう」

- 1.2 授業に参加する……18
  - 1.2.1 質問をしよう
  - 1.2.2 発信すれば自分に戻ってくる
  - 1.2.3 ゼミ選びの準備をする
  - 自己鍛錬 「質問をしよう」

- 1.3 本を読む……22
  - 1.3.1 本をどう読むか
  - 1.3.2 目的によって読み方を変える
  - 1.3.3 専門書とハンドブックを読む
  - 自己鍛錬 「専門書を読んで文献メモを作ろう」

- 1.4 文献を検索してレジュメを作る……26
  - 1.4.1 本を検索する
  - 1.4.2 論文を検索する
  - 1.4.3 レジュメを作る
  - 自己鍛錬 「本か論文を検索して，読み，レジュメを作ろう」

- 1.5 オンラインコミュニケーション……30
  - 1.5.1 メールを使う
  - 1.5.2 大学からの情報をチェックする
  - 1.5.3 SNSを使う
  - 自己鍛錬 「添付ファイル付きのメールを送ろう」

- 1.6 ファイルの整理とクラウドの活用……34
  - 1.6.1 ファイルを整理する
  - 1.6.2 バックアップを常に取る
  - 1.6.3 クラウドサービスを使う
  - 自己鍛錬 「フォルダを作ろう，クラウドサービスを使おう」

もくじ

2. 書くスキル (Writing Skills) ……39

2.1 マップを描いてアイデアを可視化する……40
- 2.1.1 マインドマップの描き方
- 2.1.2 パソコンでマインドマップを作る
- 2.1.3 マップからアウトラインへ

自己鍛錬「マインドマップを作ろう」

2.2 KJ法で鍵となる概念を見つける……44
- 2.2.1 KJ法のやり方
- 2.2.2 KJ法で扱うデータをどう集めるか
- 2.2.3 KJ法は個人でもグループでもできる

自己鍛錬「KJ法を使おう」

2.3 レポートは主張するための文章……48
- 2.3.1 日本人は主張しないか？
- 2.3.2 日本人もちゃんと主張している
- 2.3.3 主張したら論証責任が生ずる

自己鍛錬「主張を作ろう」

2.4 トゥールミンの三角ロジック……52
- 2.4.1 三角ロジックとはどういうものか
- 2.4.2 ワラントはデータと主張のギャップを埋める
- 2.4.3 同じデータでもワラント次第で主張は変えられる

自己鍛錬「三角ロジックを作ろう」

2.5 議論の方法……56
- 2.5.1 反駁（Rebuttal）
- 2.5.2 質疑（Question）
- 2.5.3 反論（Counter argument）

自己鍛錬「議論を挑もう」

2.6 レポートの構成と序論の書き方……60
- 2.6.1 序論・本論・結論の3部構成
- 2.6.2 序論の書き方
- 2.6.3 S-C-Qモデルで序論を書く

自己鍛錬「序論を書こう」

もくじ

2.7 本論と結論の書き方……64
 2.7.1 本論の書き方
 2.7.2 各論も三角ロジックで書く
 2.7.3 結論の書き方
 自己鍛錬 「本論と結論を書こう」

2.8 文章を推敲する……70
 2.8.1 ワンワード・ワンミーニング（1つの単語に1つの意味）
 2.8.2 ワンセンテンス・ワンアイデア（1つの文に1つのアイデア）
 2.8.3 ワンパラグラフ・ワントピック（1つの段落に1つのトピック）
 自己鍛錬 「自分が書いた文章を3つのレベルで推敲しよう」

2.9 プレゼンテーション用のスライドを作る……74
 2.9.1 視覚的なスライドを作る
 2.9.2 スライドの作成
 自己鍛錬 「スライドを作ろう」

2.10 プレゼンテーションでスピーチをする……78
 2.10.1 スピーチで守ること
 2.10.2 プレゼンテーションで守ること
 2.10.3 ポスター発表をする
 自己鍛錬 「5分間スピーチをしよう」

もくじ

3. リサーチスキル (Research Skills) ……………… 83

3.1　リサーチスキルの意味……84
- 3.1.1　リサーチスキルと社会の関係
- 3.1.2　リサーチはあなたの仕事を意味あるものにする
- 3.1.3　リサーチの手順

　自己鍛錬「あなたがリサーチしてみたいテーマは何か」

3.2　概念を探し，変数を作る……88
- 3.2.1　現象を説明するような概念を探す
- 3.2.2　概念を測れる形にして変数を作る
- 3.2.3　変数の間の因果関係を推測してモデルを作る

　自己鍛錬「あなたの研究を図にまとめよう」

3.3　アンケートを作ってデータを収集する……92
- 3.3.1　アンケートの説明とフェイスシートを作成する
- 3.3.2　心理的変数の質問を設定する
- 3.3.3　自由記述の質問を設定する

　自己鍛錬「オンラインでアンケートフォームを作ろう」

3.4　データを収集して整理する……96
- 3.4.1　データを表計算アプリで扱う
- 3.4.2　度数をカウントする
- 3.4.3　ヒストグラムを作る

　自己鍛錬「データを収集して表計算アプリで整理しよう」

3.5　データから基本的な統計量を計算する……100
- 3.5.1　データを並べ替える
- 3.5.2　平均と標準偏差を計算する
- 3.5.3　平均と標準偏差をグラフにする

　自己鍛錬「平均と標準偏差をグラフにしよう」

3.6　研究レポートにまとめる……104
- 3.6.1　序論の書き方
- 3.6.2　方法の書き方
- 3.6.3　結果と考察の書き方
- 3.6.4　結論の書き方

　自己鍛錬「研究レポートを書こう」

もくじ

4. 生きるスキル (Life Skills) ……… 109

4.1 3つの人生の課題（ライフタスク）……110
- 4.1.1 3つのライフタスク「交友，仕事，愛」の意味
- 4.1.2 ライフタスクは常に人間関係の問題として現れる
- 4.1.3 自分とのつきあい方と世界とのつきあい方

自己鍛錬「同僚，友人，パートナー，家族，そして，自分」

4.2 あなたは理想の自分を目指している……114
- 4.2.1 優越の追求の有益な側面とダークサイド
- 4.2.2 自分をほかの人たちと比べない
- 4.2.3 「不完全である勇気」をもとう

自己鍛錬「自分の弱いところとなりたい自分」

4.3 あなたは人間関係に埋め込まれている……118
- 4.3.1 10歳までに自分のライフスタイルを選んでいる
- 4.3.2 ライフスタイルのパターン
- 4.3.3 ライフスタイルを人間関係に活かす

自己鍛錬「自分のライフスタイルの好きなところ，変えたいところ」

4.4 あなたは自分の好きなように世界を見ている……122
- 4.4.1 理想の自分もフィクションである
- 4.4.2 仮想的な目標をガイドにして行動を決めている
- 4.4.3 なぜ私たちはネガティブな感情を抱くのか

自己鍛錬「ネガティブな感情を感じた場面」

4.5 理性と感情のうえで決めているのはあなた全体……126
- 4.5.1 意識と無意識は協力しあっている
- 4.5.2 言い訳を考えるのは簡単だ
- 4.5.3 決めているのはあなた個人だ

自己鍛錬「自分に言い訳をしていないか」

4.6 あなたの人生はあなたが描く……130
- 4.6.1 私たちはそれぞれのプライベートな論理の中に生きている
- 4.6.2 お互いの私的論理の違いを理解する
- 4.6.3 共通感覚を身につけるために学ぼう

自己鍛錬「幸福に生きるために大切なもの」

もくじ

引用文献……135
読書案内……136
索　　引……140

1. 学ぶスキル
Study Skills

　大学に入るまでは，どのように学ぶのかということ，つまり「学び方」についてはあまり気にしないできたかもしれません。学校の授業に出席し，テストに備えること，つまりテスト勉強をするということが，ほぼ唯一の「学び方」だったからです。

　しかし，大学では，単に点数を付けるためのテストはむしろ少なくなります。その代わり，本や研究論文を読んでその内容をまとめたり，ほかの人たちとディスカッションしたりして，自分の考えを組み立てていくという活動が多くなります。そして，それに基づいてレポートを書くのです。

　そのためには，さまざまな「学ぶスキル」を身につけることが必要になってきます。この章では，大学生としての基本的な学ぶスキルを身につけましょう。

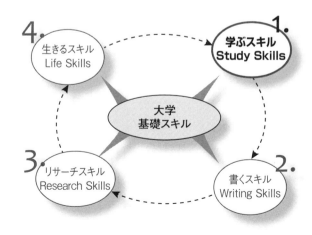

1.1 ノートを取る

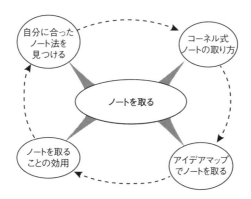

● point ●

　90分もの長い時間，ひたすら教員が語り続けるというのは，大学に特徴的な授業の形態です。YouTubeにみられるような短いビデオクリップが当たり前の世代には，90分は耐え難い長さにちがいありません。退屈で苦痛かもしれません。しかし，授業というのは基本的に退屈なものです。エンタテイメントではないのです。細かいデータや抽象的な論理を追わなければ理解できないような内容が，エンタテイメントになるはずもありません。

　しかし，授業は常に退屈なわけでもありません。ただひたすら受動的に聞くだけであれば，授業は退屈なものになりますが，逆に，能動的に聞けば，深くおもしろいものに変わります。能動的に授業を聞くためにはどうしたらよいでしょうか。それにはノートを取ればよいのです。ノートは，授業の内容を写すためのものではありません（もしそうだとしたら授業内容の概要をまとめたプリントがあればノートを取る必要がなくなってしまいます）。そうではなく，能動的に集中して講義を聞くためにノートを取るのです。

1.1 ノートを取る

1.1.1 コーネル式ノートの取り方

　大学でのノートの取り方として広く使われている「コーネル式ノートの取り方」を説明しましょう。最近では，このような枠があらかじめ引かれたノートも売り出されています。しかし，自分で線を引いた方が安上がりです。

　ノートの1ページ分を，図1-1のように線を引いて3つの領域に分割します。一番広い右側の領域には，講義の要点を箇条書きします。それよりは狭い左側の領域には，授業中あるいは授業が終わったあとで，疑問点やコメント（個人的な考え）を書いていきます。このような事後の作業をすることで，授業内容をもう一度思い出し，定着させる効果があります。これをやっておくことで，試験の準備やレポートの作成が驚くほど効率的になりますので，少しの時間を割いてみてください。

　一番下の領域には，授業後に，講義内容の要点（サマリー）を1行で書き込んでおきます。これは，テストを受ける直前にノートを見返すときに威力を発揮します。この要点を見るだけで，どんな内容であったか思い出すことができるからです。

　箇条書きとは，下の例のように，文章ではない短いフレーズでまとめたものです。ポイントは，字下げ（インデント）することで内容のレベル（抽象的→具体的，概要→詳細）を揃えることです。

【箇条書きの例】

```
コーネル式ノートの3つの領域
    ・右側に書くもの
        ・授業中に書く
        ・箇条書きによるノート　→簡潔に
    ・左側に書くもの
        ・授業中あるいは授業後に
        ・疑問点やコメント　→自分の考えで
    ・下側に書くもの
        ・授業後に書く
        ・サマリー　→内容を思い出すために
```

図1-1　コーネル式ノートの取り方

1. 学ぶスキル (Study Skills)

1.1.2 マインドマップでノートを取る

　ここで紹介する「マインドマップ(R)」という方法はTony Buzanが定式化した方法です（トニー・ブザン，2013）[1]。マインドマップは，講義ノートを取るとき，日々の計画やプロジェクトの計画を練るとき，会議の内容をメモするとき，プレゼンテーションの構成を考えるとき，レポートや研究の構想を練るときなど様々な用途に使えます。

　マインドマップを使う場合は，テーマが決まっているので，まずそのテーマを紙あるいはホワイトボードの中心に大きく描きます。紙の場合は，横長になるように置くと書きやすくなります。

　次に，中心のテーマから基本アイデアの枝を伸ばして描きます。

　基本アイデアが出そろったら，次にそれぞれの基本アイデアについて，思いつくままに枝を広げていきます。枝は，文章の形ではなく，なるべく短いフレーズで書くようにします。

　箇条書きの例であげた「コーネル式ノートの3つの領域」を，マインドマップで描いてみるとどうなるかを図 1-2 に示しました。箇条書きで書くよりも自由に描けることがわかるでしょう。その代わり，どの順番で書いたかなどの時間的な情報が抜け落ちます。

　マインドマップの用途として，会議など複数の人が集まってアイデアを出すようなときにも活用できます。複数の参加者全員でホワイトボードや大きな模造紙にマインドマップを描きながら話を進めていくと，効率的な話し合いができきます。

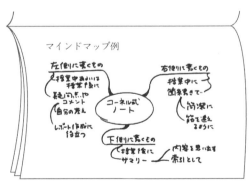

図 1-2　マインドマップでノートを取る

1.1.3 ノートを取ることが重要である根拠

なぜノートを取ることが重要なのでしょうか。もし手もとに授業の資料やテキストがあれば，それにマーカーや下線を引くだけで十分のような気もします。

ノートを取ることがその人の理解や成績に及ぼす効果については，教育心理学や教育工学の領域でたくさんの研究がされています。それらの研究によると，ノートの量と成績には強い相関があります。つまり，成績の良い学生はたくさんのノートを取ります。また，成績の良い学生は，単に板書を写すだけではなく，様々なノートの取り方をしています。つまり，自分なりのノートの工夫をしています。さらに，下線を引くだけでは，理解を向上させることには必ずしもつながらないという研究もあります。

まとめれば，ノートの取り方を工夫し，ノートをたくさん取ることによって，授業の理解を高め，その結果として成績も向上していきます。それは，ノートを取ることが自分の脳を活発に働かせることによるものといえます。ですから，たくさんノートを取りましょう。そうすれば，眠くなることなく，初めは難解であった授業の内容も徐々に理解できるようになるでしょう。

1.1.4 自分に合ったノートの取り方を見つけよう

正しいノートの取り方というものはありません。ここで紹介した，コーネル式のノートの取り方も，マインドマップによるノートの取り方も，代表的なモデルにすぎません。

自分でいろいろなノートの取り方を試してみて，最終的に自分に合ったノートの取り方を見つけることが大切なのです。そのためには，たくさんのノートを取り，その中でいろいろな工夫を試してみてください。

自己鍛錬 ▷「コーネル式とマインドマップでノートを取ろう」

自分で好きな授業を複数選んで，それぞれコーネル式とマインドマップのどちらかでノートを取ってみましょう。そして，次のことについて検討してみましょう。
(1) 自分にはどちらのノートの取り方が合っていると感じたでしょうか。
(2) 授業の内容によって，どちらの方法がより合っているかという違いを感じたでしょうか。

1.2 授業に参加する

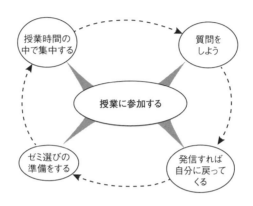

● point ●

　大学の授業は教室で行われるのが伝統的です。しかし，近年では先生のレクチャーをビデオで視聴して，ディスカッションは電子掲示板（BBS）で行い，テストやレポートもオンラインで提出するという「eラーニング」の授業も増えつつあります。こうしたオンラインの授業が普通になる日も遠くないでしょう。また，対面形式の授業とeラーニングが組み合わされた「ブレンド型」の授業も増えてくるでしょう。

　教室授業でもeラーニングでも，友だちと情報交換することは有益です。それをきっかけにして新しい友だちができることもあるでしょう。もし一人で勉強するだけなら，同じ大学に集まってくる必要性もありません。同じ授業を受講していることは偶然の産物ですけれども，共通の授業の内容をきっかけにして情報交換をして，友だちを作るかどうかはあなたの決心次第です。

　ここでは，授業に積極的に参加するきっかけとして，質問をすることと，BBSで発言することを取り上げて，授業時間をどのように有効に使うかということを考えましょう。

1.2.1 質問をしよう

　教室の中で質問をするのはドキドキするものです。それでも「何か質問はありますか？」と教員が投げかけたなら質問をしてみましょう。ノートを取っていると必ずわからないところが出てくるはずなので，そのことを聞けばいいのです。その場で質問を考える必要はありません。質問すべきことは自分のノートに書いてあります。

　どんなことを質問したらいいのでしょうか。自分の疑問が初歩的なことだと思って質問するのをためらってしまう人もいるでしょう。しかし，自分がわからないことを聞くのが質問ですから，どんなに初歩的なことでもいいのです。逆に，初歩的な質問ほど重要な問題であることが多いのです。ですから，積極的に質問しましょう。質問することは，自分のためだけではなく，同じ授業を聞いてる人全員に貢献していることになります。

　授業の時に出席票が配られる授業では，出席票の裏に質問や意見を書いてみましょう。教員によっては，コメントシートやミニッツペーパーと呼ばれる，質問，感想を書く紙を配布する人もいますので，一言書いてみましょう。私は，出席票の代わりに「大福帳」と呼ばれる，A4判の厚紙を配っています（図1-3参照）。そこに感想や質問を書いてもらっています。授業の最後に感想や質問を書くことによって，この授業の内容を振り返る機会となります。そうすることで，内容が記憶に定着しますし，また，これからどのようなことを調べていけばよいのかという方針が立ちます。

図1-3　大福帳の例

1. 学ぶスキル（Study Skills）

1.2.2 発信すれば自分に戻ってくる

　オンデマンド授業ではたいていBBS（電子掲示板）が設置されています。BBSに，授業の感想や意見，質問などを書いてみましょう。教員やTA，あるいは同じ授業の受講生から何らかの反応があるでしょう。そうすることで授業の内容をより深く理解することができます。そして次の授業への意欲がわいてきます。つまり，BBSに何かを書くと，自分のためになるのです。書くという行動が，自分のその授業へのコミットメント（かかわり合い）を高めることになります。

　もし自分の投稿に対して何も反応がなかったとしても，がっかりすることはありません。あなたの努力はその文章を書いた時点で，十分に報われています。書くために十分に頭を働かせたのですから，そのことによってあなたの考える力が鍛えられたのです。

　オンデマンド授業の受講生は，BBSなどに頻繁に書き込む人と，それを読むだけの人の2群に大きく分かれます。たいていは読むだけの人の方が大きな割合を占めます。何であれ書くことは大変ですから当然でしょう。その一方で，何の報酬もないのに時間をかけてBBSに投稿する人もいます。それはなぜでしょうか。書かずに読むだけであれば，有益な情報を苦労せずに入手できますから，その方がいいのではないでしょうか。

　社会心理学の研究によると，ただ読むだけの人（フリーライダー，ただ乗り）よりも，積極的に投稿する人の方が，最終的に有益な情報が多く集まるということが明らかになっています。つまり，書けば何らかの反応があり，より詳しく重要な情報がそこに集まってくるということなのです。ですから積極的に発信してください。書けば書いただけ，あなた自身の財産になることでしょう。

　BBSへの投稿は，さきにテキストエディタに書いてからBBSの投稿欄にコピーする習慣をつけましょう。こうすることで書き間違い防止になるほか，自分の考えをファイルにまとめて手元におけるので，レポート作成のときに活用できます。下書きにテキストエディタを使うとプレーンテキストと呼ばれるファイルができます。Wordなどのワープロアプリで書くと，コピーするときにフォントや大きさなどの情報が一緒にコピーされてしまうからです。一般的にBBSではこのような情報がない方が読みやすいのです。

1.2.3 ゼミ選びの準備をする

多くの大学では，3年次に少人数制のゼミに所属する制度を取っています。ゼミに所属しながら教員から指導を受けて卒業研究を進めることになります。ゼミでは2年間をかけて卒業研究を進めますので，自分にあったゼミを選ぶことは重要です。

人気の高いゼミでは，希望者が多いため選抜を行うこともあります。しかし，ただ人気があるからという理由で自分のゼミを決めるのではなく，そのゼミの特徴をよく知って，自分にあったゼミを選ぶことが大切です。その意味では，就職活動で，自分にあった会社を選ぶ作業と同じことです。ゼミを決めるためには次の点を調べるとよいでしょう。

- 研究対象：どんなことを対象に研究しているのか
- 研究方法：どんな方法でデータを取っているのか
- ゼミの進め方：ゼミの進め方はどのようなものか
- ゼミの雰囲気：ゼミ生たちの雰囲気はどうか

いずれにしても，自分にあったゼミを選ぶためには，その教員がどのようなことを研究しているのかについて知っておくことが必要です。そのために，早い時期から自分のゼミの候補になりそうな教員の授業を履修しておくことはよい判断材料になるでしょう。

自己鍛錬 ▷ 「質問をしよう」

対面授業を受けて，質問を1つしてみましょう。質問をしようというときになってその場で質問を考えるのではなく，ノートを取りながら，そこに疑問点をメモしておくのです。質問をするときは，そこに書いてある疑問を読むだけで大丈夫です。

また，オンデマンド授業を受けている場合は，BBSに質問を投稿してみましょう。この場合は，口頭で質問するのとは違って，時間をかけて文章を書くことができます。ただ，長文の質問はよくありません。200字くらいの簡潔な文章で質問を書いてみましょう。

1.3 本を読む

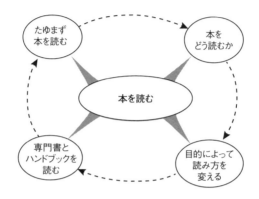

● point ●

「Standing on the shoulders of giants（巨人の肩の上に立つ）」という言葉があります。これは，学問はそれまでの多くの研究の蓄積の上に成り立つ，という意味です。どんな学問も，どんな研究も，先人たちの挑戦があってこそ次の一歩が踏み出せるのです。

その挑戦の過程は書籍という形としてまとめられます。私たちは本を読むことによって，先人たちが築き上げた知識と知恵を自分のものにすることができます。一方で，世の中には膨大な量の本が出回っています。日本では，毎年数万点の書籍が出版されています。こうした状況の中，限られた時間で，どのようにして読むべき本を選べばよいのか，そして本をどのように効率的に読んでいけばいいのか，というスキルを身につけることが必要です。

ここでは，本をどのように読めば効果的，効率的に読むことができるのかということを学びましょう。また，本には，一般書と専門書があります。それらをどのように区別して，目的によって読み方を変えるということも学びましょう。そして，自分の専門領域をきわめていくために，その専門領域のハンドブックを探して，それを読むことの重要性を学びましょう。

1.3.1 本をどう読むか

　本をどう読むかということについては，それが当たり前すぎるために，教えられた経験があまりないかもしれません。すでに知っていることが書いてある本を読むことはやさしいことです。しかし，私たちは，自分が知らない新しいことを知るために本を読むのです。そして，自分が知らないことを読んで理解するのは，いつでも困難であり，努力を必要とします。自分がすでに知っていることを読むことを「アルファー読み」，自分が知らないことを読むことを「ベーター読み」と名づけたのは，外山滋比古（2007）★2 です。外山は，アルファー読みはいわば「母乳語」であり，すでに慣れ親しんだ言葉で成立しているものであり，その一方で，ベーター読みは「離乳語」のようなもので，母乳から離れていく努力が必要なのだとしました。

　大学で読む本は，一度読んだくらいではわからない難解なものが多くあります。しかし，それにもかかわらず何度も読んでベーター読みを進めていく必要があるのです。本当に読むに値するものは，一度読んだくらいではわからないものである，と外山は言っています。

　このページの文章を読むと，「アルファー読み」「ベーター読み」「外山滋比古」「母乳語」「離乳語」が新しい用語として入ってきました。また，「アルファー読みとベーター読みの違いは何か」という概念が新しく獲得されました。このようにして本を読みながら，新しい用語と概念を獲得していくのです。新しい用語と概念がたくさん出てくる本は，一見して難解です。しかし，それに挑戦していかなければ，いつまでもベーター読みの能力をつけることができません。

　ベーター読みの能力をつけるためには，とにかくそうした本に親しむことです。内容が理解できなくても読む。この方法を「素読」と呼びます。たとえわからなくても，少しずつ何度も読んでいくうちに，ぼんやりとではあってもイメージがつかめるようになります。こうした努力が大切なのです。

　ベーター読みの習慣をつけましょう。1日のうちの決めた時間に，15分でも30分でもよいので，本を開いて読むことです。タイマーをかけて時間を測るのもよい方法です。読みの進みが速くても遅くても，その時間は本を読むことに専念します。そうするとだんだんと本を読む習慣が身についていき，難しい本であっても着実に読むことができるようになるでしょう。

1. 学ぶスキル (Study Skills)

1.3.2 目的によって読み方を変える

　手にした本のすべてを隅から隅まで細かく読む必要はありません。読むに値する本はあまりにも多くあり，その一方で，私たちが読書に使える時間は有限です。ですから，時間をかけて読むべき本と，概要をつかむだけで十分な本を区別していきましょう。

　どんな本を読むにしても，上手な読み方がありますので，それを身につけましょう。まず最初に「まえがき」を丁寧に読むことです。まえがきには，その本がどういうことをテーマにして，どのように書かれたのかが説明してあります。それを読むことによって，その本をどの程度の時間をかけて読むべきかを判断することができます。

　次に，目次を眺めて，おもしろそうなところ，自分の関心に合っているところから読んでいきます。もしその章がおもしろければ，本全体を読む価値があるでしょう。もし，そうでないなら，終わりにして，次の本に移ってもかまいません。ここでは，本を読み通すことが目的なのではなく，その本を使って自分の研究や専門に活かすということが目的だからです。ということは，ある本が自分の専門から遠い内容であるように見えたとしても，その本の内容の一部でも自分の専門に活かせる部分があれば，その本は読む価値があります。

　本文を読むときは，人それぞれで自分の流儀があるでしょう。ラインマーカーを引きながら読む人もいるでしょうし，フセンを貼りながら読む人もいるでしょう。また，そういうことをまったくしないで読む人もいます。こうした流儀は，それぞれの人の習慣になっていますので，特に変える必要はありません。ただ1つやっておくといいことは，全部を読んだ本でも，一部だけを読んだ本でも，その本のメモを作っておくことです。

　本のメモは，専用のノートに書いてもいいですし，文献カードを作ってもいいでしょう。文献カードとしてはB6判のカードがよく使われます。これは「京大式カード」とも呼ばれることがあります。

　本のメモには以下の情報を記録します（図1-4参照）。

　①文献情報：著者名（翻訳者名），タイトル，出版年，出版社，出版社の所在地（この項目は論文の引用文献で必要になります）

　②本の内容を一言でまとめたもの：これは「まえがき」の中に書いてあり

1.3 本を読む

> 荒木優太『これからのエリック・ホッファーのために』(2016, 東京書籍, 東京)
>
> 【内容】
> ・大学や研究室学会の外にもガクモンはあるじゃないか、本書はこの問題意識に貫かれている。(p.3)
>
> 【引用】
> ・在野研究者の多くは、学校(学者)が認めてくれるから研究するのではない。やりたい(やるべきだ)から、勝手に勉強し勝手に発表する。(p.196)
> ・経済学で一人前の域に達した人がもういっぺん、心理学を初歩からやりなおす。そういうトレーニングがあってはじめてインターディシプリナリーが可能になるのです。(p.218)

図1-4 文献メモの例

ますので、それを写します。また必要があれば自分の言葉でまとめます。

③引用したい文章：自分がレポートや卒業論文を書くときに、引用できると思った部分を正確に写し、そのページ番号を入れておきます。必要なだけいくつでも書きます。これが多いほど、その本が自分にとって重要な本であるということです。

1.3.3 専門書とハンドブックを読む

本は、一般書と専門書(学術書)に分けることができます。一般書と専門書の区別は、巻末に引用文献リストがあるかどうかによります。専門書には必ず引用文献のリストが載っています。また、「索引」があれば、それはさらに丁寧に作られた専門書と言えます。自分の専門領域が決まっていくにしたがって、その領域の専門書を読んでいくようになります。

ハンドブックは、特定の学問領域の全体像を把握するための本です。その領域の始まりから最先端の知見までをまとめてあります。自分の専門領域を決めるためにもハンドブックを参考にするとよいでしょう。

自己鍛錬 ▷ 「専門書を読んで文献メモを作ろう」

自分の関心のある領域で専門書を1冊手に入れましょう。おそらく、それは一度読んだだけでは理解できない本です。そこで「ベーター読み」とはどういうことなのかを体験しましょう。全部を読まなくてもいいので、自分がおもしろいと思った部分を「引用」として、文献メモに抜き書きしてみましょう。

1.4 文献を検索してレジュメを作る

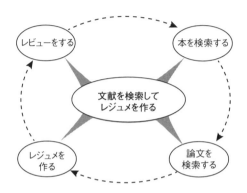

● point ●

　専門領域の知識を学んでいくために，入門書を読むことからスタートするのは良い方法です．入門書には，その領域で蓄積された知識が体系的にまとめられているからです．入門書を読んで，さらに限定された具体的なトピックについて知りたいと思ったら，次は，論文を探して読む必要が出てきます．

　論文というのは，先人たちの研究が数ページから長くても十数ページの紙面にコンパクトにまとめられたものです．科学における新しい知識は，まず学術論文の形でまとめられて社会に公開されるのです．

　本と論文の違いは，査読があるかどうかという一点にかかっています．本を出版することは誰でもできます．そして，その内容が正しいかどうか，信頼に値するかどうかというチェックはされません．一方，論文では，同じ領域の専門家がその内容の信頼性についてチェックを行います．これを査読と呼びます．論文として出版されるためにはこの査読に合格しなければならないのです．だからこそ論文の価値があるのです．

　ここでは，自分の知りたいトピックについて書かれた本や論文を検索する方法を学びましょう．そして，本や論文を読んだら，その内容をまとめる方法としてレジュメの作り方を学びましょう．

1.4 文献を検索してレジュメを作る

1.4.1 本を検索する

調べるテーマが決まったら，まず本を探しましょう。適切な本を探せれば，そのテーマについての全体像をつかむことができます。

Google ブックス（http://books.google.co.jp/）サイトでは，キーワードを入れることで，そのキーワードが含まれた本を検索することができます。つまり，本のタイトルにそのキーワードが含まれていなくても，本文の中からキーワードを検索して本を探すことができます。

さらに，Google と著作権上の合意をした著作については，スキャンされた本の中身の一部を読むことができます。図 1-5 では，Google ブックスのサイトから「アドラー」というキーワードを入れて，その中の 1 冊を表示したものです。このように本のすべてのページを閲覧することはできませんが，その一部を読んで自分の目的に合っているかどうかを検討することができます。

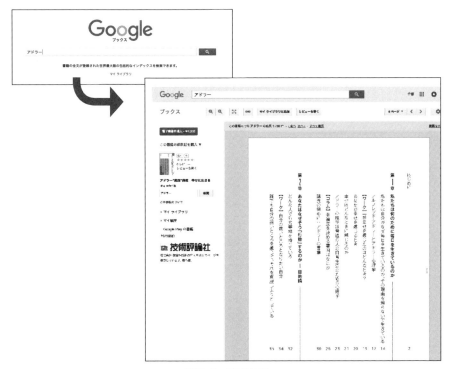

図 1-5 検索の例

1. 学ぶスキル (Study Skills)

1.4.2 論文を検索する

本を読んで，あるテーマの全体像をつかんだら，次は論文を探しましょう。論文は特定のトピックについての知見を一定の形式に従ってコンパクト（数ページから十数ページ）にまとめられたものです。

Google Scholar（https://scholar.google.co.jp）は，一般的な検索ではなく，学術的な文献に絞って検索してくれます。また，検索された多くの論文は，PDF形式でその内容を読むことができます（図1-6 左参照）。

国内の論文の検索には，国立情報学研究所のCiNii（http://ci.nii.ac.jp）というサービスを使います。キーワードや著者名などから詳しい検索をすることができます。また，「CiNiiに本文あり」という条件指定をすると，本文がPDFで読めるものだけを検索することができます（図1-6 右参照）。

図1-6 Google Scholar の検索例（左）と CiNii の検索例（右）

1.4.3 レジュメを作る

本や論文を読んだら，後々それを利用するために，それをA4判用紙1枚にまとめておきましょう。これを「レジュメ」と呼びます。レジュメは，ゼミなどで発表するときに参加者に配布する資料のことです。ゼミで発表するかどうかにかかわらず，読んだ本や論文をまとめておけば，あとで，レポートや卒論を書くときに役立ちます。

レジュメは，きちんとした文章ではなく，箇条書きで書くのが原則です。箇条書きも，字下げを行って，構造のレベルを明示した書き方がよいでしょう（図1-7参照）。

また，図や表，マトリックスなど，一目でわかるグラフィックスを使うのもよいでしょう。

著者の文章をそのまま引用したいと思われる部分は，句読点の使い方や漢字・かなの表記も含めてオリジナルのとおりに書き写して，ページを付記しておきます。たとえ原文に明らかな誤字があったとしても（原文ママ）と注をつけて書き写すことがルールです。このようにしておけば，後でレポートや卒論を書くときに引用が楽に正確にできます。

自己鍛錬 ▷「本か論文を検索して，読み，レジュメを作ろう」

自分が興味をもっているキーワードを決めて文献検索をしましょう。検索結果から，本あるいは論文を1つ選んで読みましょう。読んだ内容について，その全部ではなく，自分の関心を中心にしてまとめて，レジュメを作りましょう。

Z.V.シーガル,J.D.ティーズデール,マークウィリアムズ
『マインドフルネス認知療法―うつを予防する新しいアプローチ』
(北大路書房, 2007/09)

2010/03/01　向後千春

・マインドフルネスの定義（Kabat-Zinn）
　・意図的に、今この時間に、価値判断をすることなく注意を向けること

・マインドフルネス認知療法
　・ヴィパサナー瞑想法と、
　・「Here and now」の思想を、
　・特にうつの再発予防を目的としてプログラム化したもの

・具体的なエクササイズ
　・レーズンエクササイズ
　・ボディスキャン
　・呼吸法

図1-7
レジュメを作る

1.5 オンラインコミュニケーション

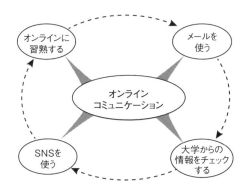

● point ●

　すでにスマートフォン（スマホ）を使っている人も多いと思います。また，LINEやFacebook，Twitterなどのソーシャルメディアを使っている人も多いでしょう。これからのオンラインコミュニケーションの中心は，パソコンからスマホに移行していくでしょう。その一方で，大量のデータや文書を扱っていくうえで，パソコンのスキルもますます必要とされています。大学ではパソコンとインターネットを使いこなせるようになることが必須です。

　大学では，インターネットで配信されるオンデマンド授業が急速に増加しています。また，授業のお知らせ，科目登録，成績確認，そしてレポートの提出もオンラインで行われます。このように，インターネットを使いこなす情報スキルがないとやっていけません。そのためには，スマホだけではなくパソコンを使いこなすスキルが必要なのです。

　ここでは，情報スキルの基本として，オンラインコミュニケーションに習熟しましょう。具体的にはメールの使い方，大学からの情報をチェックすること，ソーシャルメディアの使い方を学びましょう。

1.5 オンラインコミュニケーション

1.5.1 メールを使う

　大学生になると，大学から公式にメールアドレスが与えられます。大学からの公式の連絡はこのアドレスに送られますし，また，自分の就職活動の時にも使うことになります。このアドレスは大学独自のドメイン（～～ .ac.jp）が含まれていますので，信頼性が高いものとして見られます。積極的に使いましょう。

● **メーラーを使ってメールを操作する**

　LINE やメッセージに慣れた世代にとっては，メールはレガシーな（遺産的な）手段に見えるかもしれませんが，公式な連絡はメールで行われますので，その使い方に習熟しておきましょう。

　メールをパソコンで扱うには，メールアプリケーションを使う方法があります。これを「メーラー」と呼びます。慣れてくれば，メーラーで操作する方が，手軽で，便利です。メーラーには，Windows 用の「Windows メール」や Mac 用の「Mail」など数種類あります。

　メールは常に整理された状態に保ちましょう。メールが受信されると，まず「受信箱」や「Inbox」という名前の場所に入ります。メールを読んだら判断をして次の処理をします。

- 読むだけでよいもの　　→すぐに「ゴミ箱」に移動します
- 返信が必要なもの　　　→返事を書いて送信し，ゴミ箱に移動します
- 考える時間が必要なもの →そのまま受信箱においておきます

　このようにすれば，受信箱には常にリアクションしなければならないメールだけが残り，クリーンな状態になります。

　返事を書く場合は，「返信」と「全員へ返信」の違いを確認してください。「返信」は，メールの差出人だけに返事が送られます。一方，「全員へ返信」では，「Cc:」の欄に示されたアドレスの人にも返事が送られます。Cc: というのはカーボンコピーの略です。宛先の人以外に返事の内容を伝えたい人のアドレスを Cc: 欄に追加します。宛先の人には Cc: の人にも同じ内容が送られたことがわかります。また「Cc:」に似た機能に「Bcc:」というものがあります。宛先以外の人にも同じ内容を送るという機能は同じですが，誰に送られたのかは宛先の人に知らされません。

1. 学ぶスキル（Study Skills）

1.5.2 大学からの情報をチェックする

　たいていの大学では，それぞれ独自の LMS（Learning Management System＝学習管理システム）をもっています。LMS の中で，それぞれの学生が履修している科目が管理されています。自分が履修している科目からのさまざまなお知らせ，たとえば休講や補講，小テスト，レポートの提出などは LMS から確認する必要があります。したがって，LMS へのアクセスと確認は「日課」としてやるべきことです。1 週間もアクセスしないで，その間に行われたオンラインの小テストに解答しそこねたとしても，それは自分の責任です。

　教室を使わずに，インターネットで授業ビデオを配信する科目も増えています。すべての授業をビデオ配信する「オンデマンド授業」や，ビデオ配信と教室での授業を組み合わせた「ブレンド型授業」などのパターンがあります。

● **大学内端末室**

　たいていの大学では自由に使えるパソコンを備えた端末室があります。空き時間ができたときなどには，こうした端末室を利用するのもよいでしょう。そのために，端末室がどこにあるのかを把握しておきましょう。

● **大学内 Wi-Fi（無線 LAN）**

　もしモバイルパソコンを大学に持ってきているのであれば，大学内の Wi-Fi がつながる場所を把握しておくとよいでしょう。一番使いやすい自分専用のパソコンを Wi-Fi につなげれば効率良く作業をすることができます。

1.5.3 SNS を使う

　大学の LMS は大学の中で閉じたものですが，大学の外でのコミュニケーションには SNS（ソーシャル・ネットワーク）を活用することができます。同じ大学での友人を作るだけでなく，同じサークルのメンバーや同じ興味をもった人とつながりを作ることができます。

　近年 SNS によるトラブルが増加していますが，これは便利なツールであってもルールやマナーが大切であることを示しています。オンライン上のコミュニケーションであっても，礼儀正しくふるまうことです。そこは現実社会の延長上にあるのです。

1.5 オンラインコミュニケーション

● Facebook（知り合いを探し，コミュニケーションできる）

　Facebook（https://www.facebook.com/）では実名主義を採っているので，知り合いが登録していればそれを容易に見つけることができ，つながることができます。つながって「友達」になると，その人たちの投稿が自分のタイムラインに流れてくるようになります。また自分の投稿もその人たちのタイムラインに流れます。また，特定の目的をもった「Facebook グループ」を作ることができます。限定されたメンバー間のコミュニケーションのために利用できます。

● Twitter（速報性にすぐれるコミュニケーションツール）

　Twitter（http://twitter.com/）も SNS と同様，多くの人が使っています。投稿できる文字数は 140 字に制限されていますが，速報性にすぐれているため，広報として使ったり，不特定多数の人とのコミュニケーションのために利用できます。また，大学の授業内でも Twitter を使って，質問をしたり，議論をしたりするケースも出てきています。

● Skype（おしゃべり，打ち合わせ，ゼミに使える）

　Skype（http://www.skype.com）は，インターネットでつながったパソコン同士を介して行う，無料のテレビ電話です。お互いに画像を切れば，音声だけの普通の電話のように使えます。また，テキストチャットだけでも使えます。また，テキストチャットを併用して，メモを取ったり，その場で，参考資料としてファイルを転送できます。

自己鍛錬　▷　「添付ファイル付きのメールを送ろう」

　Facebook, Twitter, Skype のいずれか 1 つを使ってみましょう。使い始めるためには，そのサイトに行って，登録することが必要です。登録が完了したら，その証拠としてスクリーンショット（画面のコピー）を撮りましょう。自分のパソコンでのスクリーンショットの撮り方は検索して調べましょう。スクリーンショットのファイルができたら，それを添付して自分のアドレス宛にメールを送りましょう。

1.6 ファイルの整理とクラウドの活用

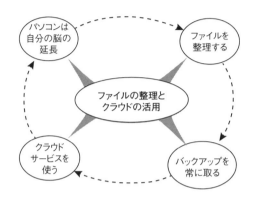

● point ●

　昔は，紙のノートが大学生の「脳の延長」でしたが，現代では，パソコンが大学生の脳の延長といえるでしょう。パソコンは，単に情報を収集し，それを読むだけではなく，レジュメやレポートの作成をしたり，データを分析したり，プレゼン用のスライドを作ったりすること，つまり「情報を生産する道具」として使うことになります。

　脳の延長としてパソコンを考えると，常に自分の身近でパソコンが使える環境を整えることが必要です。自分の部屋には画面の大きな（27インチ以上）デスクトップパソコンを置いて作業効率を高めましょう。そして，外に出るときは，軽いモバイルパソコンを持ち歩きましょう。持ち歩き用には，タブレットと付属のキーボードの組み合わせもよいかもしれません。

　ここでは，脳の延長であるパソコンの中身，つまりたくさんのファイルを整理すること，そしてパソコン自体が故障してもそのデータを復旧できるようにバックアップをしておくこと，さらに，自分の居場所が変わっても，いつでも同じ環境で作業をできるようにクラウドサービスを活用することを学んでいきましょう。

1.6 ファイルの整理とクラウドの活用

1.6.1 ファイルを整理する

　パソコンが脳の延長だとすれば，そこに入っているファイルは常に整理された状態にしておきたいものです。ありとあらゆるファイルをデスクトップに並べておく人がまれにいます。本人は「大丈夫。わかっているから」と言いますが，たいていは目的のファイルを探すのに時間がかかっています。ファイルを探す手間と時間のロスは，それが日常的に起これば，積もり積もって自分の時間を奪うことになります。ですから，日常的にファイルを整理しておくことが大切です。それが習慣になれば生涯にわたって役に立つでしょう。

　まず，デスクトップを整理しましょう。デスクトップは一時的な作業のためのファイルだけを置く場所です。その作業が終わったら，自分で決めたフォルダに移動し，デスクトップは常にクリーンな状態にしておきます。人間の記憶も，一時的で容量の限られた短期記憶と，容量が無限で整理された長期記憶からなっていることが知られています。喩えれば，デスクトップが短期記憶（なので使い終わったらクリーンにする），フォルダに整理されたファイルは長期記憶（なので分類し，構造を作る）ということができます（図1-8参照）。

　ファイルはフォルダを作って整理しておきましょう。フォルダはその中にさらにフォルダを作ることができます。これを「階層構造」と呼びます。階層のトップには「授業」「サークル」「パーソナル」のようなフォルダを作り，たとえば「授業」フォルダの下には「英語」「心理学」のようにフォルダを作ります。

　ファイルの名前のつけ方のルールを決めましょう。ルールを作っておけば，

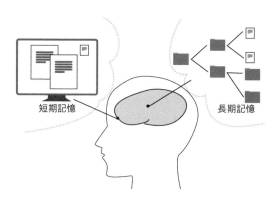

図 1-8　デスクトップをクリーンにする

毎回名前をつけるときに悩む時間が省けます。たとえば「ファイルを作った日付」+「ファイルの内容」+「バージョン番号」というルールであれば「20160422_心理学ノート_v1」というようなファイル名になります。「_」はアンダーバーという記号でファイル名の中で区切りを入れるときによく使われます。区切りとしてのスペースはファイル名の中では使わない方が安全です。修正加筆したときは新しいファイルを作ってバージョン番号を上げます。このとき，履歴のために古いファイルを残しておきます。

1.6.2　バックアップを常に取る

　パソコンに保存されたファイルはハードディスクに書き込まれます。ハードディスクは，順調に動いているときは，その存在を忘れるくらいです。しかし，ある日突然に壊れます。機械である限り，いつか壊れるのです。一度壊れると，それまでに蓄積したすべてのファイルを復旧することは困難になります。あるいはそれが可能であっても，ファイルを取り出すために高額の費用がかかります。したがって，バックアップを常に取ることが必須になります。

　バックアップを取る方法には次の2つの方法が代表的です。
　　①外付けのハードディスクにバックアップする
　　②クラウドストレージにバックアップする

● 外付けのハードディスクにバックアップする

　外付けのハードディスクを購入して，そこにパソコンのハードディスクの内容をバックアップする方法です。外付けのハードディスクに接続する方法は，USBケーブルを使うか，無線LANで通信する方法があります。無線LANが使えれば，パソコンを持ち歩くのにいちいちケーブルを抜く必要がありません。

　バックアップはできるだけ自動的にさせるように設定します。手動でやるのは面倒ですし，つい忘れてしまいます。自動バックアップの機能を設定すると，たとえば1時間ごとのバックアップをしてくれて，ハードディスクの容量が一杯になると古いものから順次消去してくれます。このような機能を使えば，一度削除してしまったり，大きく変更してしまったファイルをさかのぼって復活することができます。

1.6　ファイルの整理とクラウドの活用

● **クラウドストレージにバックアップする**

　レポートを大学のパソコンで書いていて，続きを自宅で書きたいときは，USB メモリにファイルをコピーして持ち帰るというのが一般的だと思います。しかし，クラウドストレージにファイルを置いておけば，ファイルをいちいちコピーして持ち運ぶことは不要になります。

　そのサービスの代表的なものが Dropbox（https://www.dropbox.com）です。自分の Dropbox に作業中のファイルを置いておきます。大学からでも，自宅からでも，そのファイルで作業すれば常に最新のファイルを扱えます。Dropbox の容量は，無料版で 2GB あります。また，ほかの人とファイルを共有することもできます。

　Dropbox の特徴は，自分のパソコンのファイルと Dropbox 側のファイルとを同期させるという点です。これによって，自分のファイルのバックアップを Dropbox に作ることになります。万一，自分のパソコンが壊れても，Dropbox 内のファイルは保持されています。

1.6.3　クラウドサービスを使う

　自分のパソコン上のアプリケーションではなく，ブラウザ上で同様の機能を使うことができます。この場合，そこで作ったデータはサーバー側に保存されますので，自分のパソコンが変わっても，インターネットでそのデータにアクセスできれば，作業を続けられます。また複数人で作業をすることもできます。以下に，こうしたクラウドサービスの代表例をあげます。

● **Google ドライブ（ワード・エクセル・パワーポイントがなくても大丈夫）**

　Google ドライブ（https://drive.google.com）は，Web ブラウザ上で，文書，スプレッドシート（表計算），プレゼンテーション（スライド）作成ができます。つまり，マイクロソフト社の Word・Excel・PowerPoint がなくても，それと同等のものがブラウザ上で作れます。

　たとえば，レポート課題を Word ファイルで提出するように指定されたとします。すぐに Word 上で書くのではなく，Google ドライブで作成していきます。こうすれば，インターネットがつながるところではあれば，どのパソコンを使

1. 学ぶスキル（Study Skills）

っても作業を継続することができます。原稿が完成に近づいたらそれをWord形式でダウンロードします。最終的には，ダウンロードしたファイルをWordがインストールされているパソコンで仕上げて完成です。

　Googleドライブの特徴は，自分が作業しているファイルをほかの人と共有することができることです。この機能を使えば，1つの文書ファイルを共同作業によって作成することもできます。

● Evernote（あらゆるものをオンラインメモに蓄える）

　毎日，私たちはいろいろなメモを作ります。ちょっとしたアイデア，検索をして取っておきたいWebページ，クリップ画像，書きかけの原稿，こうしたさまざまなテキストデータ，画像データ，音声データをまとめて蓄えられるのが，Evernote（http://www.evernote.com）です。

　Evernoteの容量は，無料版では，ひと月当たりの転送の量で制約がかかります。大きな画像データをたくさん保存するというようなことでなければこの容量で足りるでしょう。もし不足する場合は有料版を使います。

● サイボウズLive（グループワーク，プロジェクトチームのために）

　サイボウズLiveは，複数人で掲示板で打ち合わせをしたり，ファイルをやりとりするなどしてプロジェクトを進めるために最適なグループウエアです。メールやメッセンジャーを使うよりもはるかに効率の良い共同作業環境を作ることができます。1つのグループには最大300人まで登録でき，グループは制限なく作ることができます。無料のサービスです。

自己鍛錬 ▷ 「フォルダを作ろう，クラウドサービスを使おう」

（1）自分のパソコンに，フォルダを作って，ファイルを整理しましょう。一番おおもとのフォルダは，たとえば，「授業」「サークル」「パーソナル」といった分類になるでしょう。

（2）Dropbox，Googleドライブ，Evernote，サイボウズLiveなどの無料のクラウドサービスを使ってみましょう。使うためには，最初にユーザ登録をする必要があります。

2. 書くスキル
Writing Skills

　授業を受けたり，本を読んだりして，学んだことを最終的に自分のものにするためには，書くことが必要です。また，リサーチを行って，データを集めたり，そのデータを分析したりして，新しいことを発見するかもしれません。そうしたらそれを文章として書くことが必要になります。書くことは，常に最終目標なのです。

　現代社会は，それぞれの人が考えたことを文章にして公表し，その文章を多くの人が読んで自分のために役立てるという形で回っています。つまり，書かれた文章は，社会に流通することで，その社会を成長させる原動力となるのです。自分が考えたり，自分が納得しただけでは社会は進歩しません。自分の考えや発想を，誰もが読める文章にして公開し，多くの人に読んでもらうことが必要です。ここでは書くという技能を身につけることを学んでいきましょう。

2.1 マップを描いてアイデアを可視化する

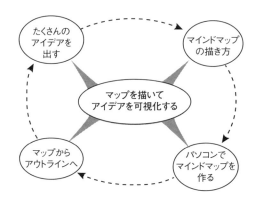

● point ●

　ある程度の長い文章を書こうとするときに，いきなりタイプを始めてもうまくいきません。タイプを始める前に，まずその文章で書こうとするアイデアをまとめておく必要があります。ここでは，いろいろなアイデアを出したり，またそのアイデアをまとめる方法について学んでいきましょう。

　アイデアを出すという方法には，大きく分けて2つの方向性があります。1つは，テーマが決まっているときに，そこからたくさんの多様なアイデアを出すという「発散」の方向性です。もう1つは，手元にすでにたくさんのデータがあるときに，その中から新しい概念を見つけ出すという「収束」の方向性です（図2-1参照）。

　発散の方向性でアイデアを出す場合は，マップがよく使われます。逆に，収束の方向性でアイデアを出す場合は，KJ法がよく使われます。ここでは，発散の方向性でアイデアを出す方法として，マインドマップという方法を身につけましょう。

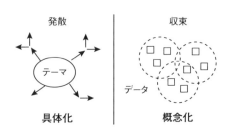

図2-1　アイデアを出す2つの方向性

2.1.1 マインドマップの描き方

「1.1.2　マインドマップでノートを取る」で紹介したマインドマップの描き方を詳しく見ていきましょう。

用途としては，講義ノートを取るとき，日々の計画やプロジェクトの計画を練るとき，会議の内容をメモするとき，プレゼンテーションの構成を考えるとき，レポートや研究の構想を練るときなどに使えます。

また，会議など複数の人が集まってアイデアを出すようなときは，ホワイトボードや模造紙にマインドマップを描きながら話を進めていくと，効率的な話し合いができます。

マインドマップを使う場合は，テーマが決まっているので，まずそのテーマを紙あるいはホワイトボードの中心に大きく描きます。

次に，中心のテーマから「基本アイデア」の枝を伸ばして描きます。基本アイデアの数は，だいたい3つから7つくらいの間です（図2-2 参照）。

基本アイデアが出そろったら，次にそれぞれの基本アイデアについて，思いつくままに枝を広げていきます。枝は，文章の形ではなく，なるべく単語で書くようにします。たとえば「不幸な午後だった」と書くかわりに，「午後―不幸な」という枝の形で書きます。「不幸な午後」というフレーズにしてしまうと，それで意味が固定されてしまいます。しかし，「午後―不幸な」と書くと，「不幸な」から「病気」，「失敗」，「ニュース―悪い」というような枝が伸ばせます。つまり，フレーズにしてしまうと，それで意味が固定化されてしまうのに対して，キーワードに分解しておけば，多面的に考えられ，創造性が刺激されるというメリットがあります。

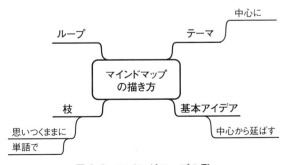

図 2-2　マインドマップの例

2. 書くスキル（Writing Skills）

2.1.2　パソコンでマインドマップを作る

　パソコン上でマインドマップを作成するアプリケーションもあります。XMind（http://jp.xmind.net/）は，マインドマップ作成アプリの1つです（図2-3参照）。Windows，Mac など，複数の OS に対応しています。マインドマップの作成はもちろんのこと，壁紙を変更したり，アイコンやイラストを貼り付けることも可能です。XMind には有料版もありますが，マインドマップを作成するのみでしたら，無料版で十分でしょう。

● グループでマインドマップを作る

　マインドマップは一人で作ることができますし，また，複数人のグループでもマインドマップを作ることができます。グループで作る場合は，まず，個人でマインドマップを作り，その後グループメンバーの意見を聞いて書き加えます。最後に，グループ全体で1つの複合マインドマップを作成するとよいでしょう。

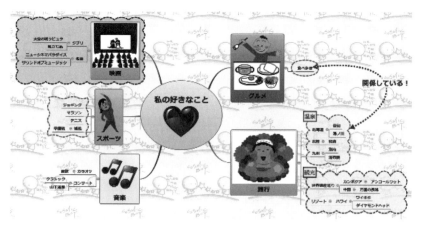

図 2-3　XMind で作ったマインドマップの例

2.1.3 マップからアウトラインへ

　マインドマップを描いていると，外側の枝から別の枝に関連性を感じて，そこに線を引きたくなることがあります。これを「ループ」と呼びます。
　ループとは，ある枝から別の枝に線を引くことです。中心テーマから枝を伸ばしていく限りループすることはありませんが，枝から枝に線をつなげるとループになります。ループは禁止されているわけではありません。むしろ，ループを引いたところに新しい発想が生まれるかもしれません。
　ループのないマインドマップはアウトラインにそのまま変換できます。たとえば，図 2-2 のマインドマップは，次のようなアウトラインにできます。

```
・マインドマップの描き方
    ・テーマ
        ・中心に
    ・基本アイデア
        ・中心から伸ばす
    ・枝
        ・思いつくままに
        ・単語で
```

　このようにして作られたアウトラインは，レポートや論文の構成を考えるために使うことができます。

自己鍛錬 ▷ 「マインドマップを作ろう」

　「大学に入ったことをきっかけにしてやってみたいこと」というテーマを中心に書いて，マインドマップを作ってください。まず基本アイデアを 5 つくらい出します（たとえば「海外に出る」など）。そのあと，それぞれの基本アイデアについて，より具体的なアイデアを追加していきます。このようにしてできるだけたくさんのアイデアを出してみましょう。

2.2 KJ法で鍵となる概念を見つける

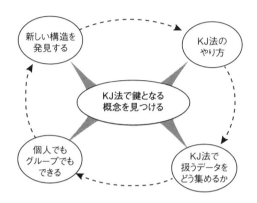

● point ●

　マインドマップは，テーマが明快に決まっているときにそこから出発して多様なアイデアを出していく「発散的」な方法です。その反対に，あるテーマに関して，多様で多数のデータが入手できたときに，そのデータを整理し，その中から鍵となる概念を見つけ出すことが必要になります。これを「収束的」な方法と呼び，その代表的な方法が「KJ法」という手法です。

　KJ法は，文化人類学者の川喜田二郎（1967）★3 が考え出した方法です。発案者のイニシャルを取って，KJ法と呼ばれています。

　川喜田二郎は，さまざまなフィールドに出かけていって，そこでの観察をフィールドノートに記録しました。フィールドノートに書かれている事柄の一つひとつは，一見ばらばらのことのように見えます。しかし，そこには何らかの一貫した構造が隠されているはずです。そこで彼は，フィールドノートの記録をばらばらにして，それらの関係性を考えることによって隠れている構造を見つけ出そうとしました。それがKJ法です。

　KJ法では，一つひとつの事柄を「ラベル」と呼びます。そしてラベルをまとめた上位の概念を「表札」と呼びます。この本では「ラベルと表札」という用語を使わずに，それぞれ「データと概念」と呼ぶことにします。

2.2 KJ法で鍵となる概念を見つける

2.2.1 KJ法のやり方

KJ法を使った例をあげましょう。大学の新入生25人に「最近の自分を漢字1文字で表してください」と依頼してデータを集めました。集まった漢字は、たとえば、「忙，笑，恥，迷，強，速，怠，友，新，遊」などです。

こうして得られたデータを、名刺くらいの小さなカード、あるいは大きめのフセンに書き込み、それを机の上に広げます。一つひとつのデータを丁寧に見ながら、互いに似かよったデータを近くに寄せていきます（図2-4参照）。

この作業をするときに、表面的な類似性だけではなく、その下に隠れている「構造」を見いだせるとおもしろい分析になります。といっても、あくまでも「データをして語らせる」ということが基本原則であり、自分の思い込みでデータの解釈をすることは避けます。常にデータが意味するものは何かということに戻って考えるということです。

このようにして分類して、その分類概念に名前をつけたのが図2-5です。ここでは、概念として「出会いと新歓期」「勉強に対する希望」「新生活による不安とホームシック」「部活やサークルに追われる日々」などが提案されています。

図2-4 漢字1文字をKJ法で分類する

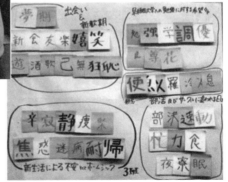

図2-5 最終的な分類

2. 書くスキル (Writing Skills)

2.2.2 KJ法で扱うデータをどう集めるか

　KJ法はもともとフィールドでの観察ノートをデータとして，それを分類し，構造を見つけるために考案されたものです。しかし，観察ノートだけではなくさまざまなデータに適用することができます。たとえば，アンケート調査の自由記述欄に書かれた文章を分類するのにも使えます。また，特定のテーマについていろいろな人にインタビューを取り，それを文字起こししてデータとしたものにも KJ 法が使えます。

　文字や文章で書かれたデータを「質的データ」と呼びます。これに対して，数値で表されたデータを「量的データ」と呼びます。KJ法は，前者の質的データを分類し，構造を見つけるために幅広く利用することができます。

　図 2-6 は，「英語教員に求めること」の自由記述データを KJ 法で分類したものです。下位の概念でまとめたあと，さらにそれらを上位の概念にまとめていることがわかると思います。

図 2-6 「英語教員に求めること」の自由記述データを KJ 法で分類したもの

2.2.3 KJ法は個人でもグループでもできる

　KJ法は一人でもできますし、またグループで何人か集まって実行することもできます。協力してくれる人がいる場合は、グループでKJ法をやるとよいでしょう。グループでやることのメリットは、分類や概念化に行き詰まったときに、協力者の意見を参考にすることができることです。また、一人でやると偏った視点になりがちですが、グループで行えば、より客観的な視点を取ることができます。ですので、研究協力者がいる場合は、グループでKJ法をやるのがよいでしょう。その方が効率的ですし、またできあがった結果もより客観性に富んでいるものになります。

自己鍛錬 ▷ 「KJ法を使おう」

　あなたの友人、知人、家族にお願いをして、あなたを表すような漢字を10個書いてもらってください。5人以上の人からデータをもらうと、漢字が50個以上集まりますので、それをKJ法で分類します。それぞれの分類には、適切な表札（概念）をつけます。表面的な分類ではなく、何か新しい構造を発見してみましょう。

2.3 レポートは主張するための文章

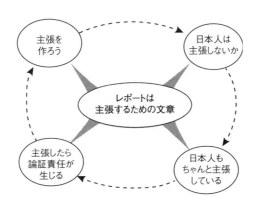

● point ●

　大学で書くレポートは，調べ学習ではありません。調べ学習とは，本や新聞記事やWebページを調べて，使えるものを引用し，まとめたものです。極端に言えば，「こんなことがあります。こんなこともあります。そして，こんなこともあります。私はここまで調べました。どうですか？」というまとめ方です。

　もし，そんなまとめ方をされたら，聞き手は思わず「だから何なの？　あなたはいったい何が言いたいの？」と聞いてしまうでしょう。つまり，聞き手は「あなたはこれらの材料をもって何を主張したいのか」ということを聞きたいのです。

　レポートには主張が必要です。主張があるかないかで，レポートか，それとも調べ学習かが分かれるのです。そして大学が求めているのは，あなた自身の主張を含んだ文章です。それをレポートと呼びます。主張のないレポートはレポートではありません。主張をするために文章を書いたものをレポートと呼びます。

2.3 レポートは主張するための文章

2.3.1 日本人は主張しないか？

　日本人は主張しない文化をもっていると言われることがあります。たとえば次の例を見てみましょう。教室での学生と先生の会話例です。

● **日本の会話パターン**
　　学生「先生，この教室は暑すぎます」←【おもむろに状況説明】
　　先生「だから？（So what?）」
　　学生「窓を開けてくれませんか（それは察して欲しい！）」←【ここで主張】

● **欧米の会話パターン**
　　学生「先生，窓を開けてください」←【まず主張】
　　先生「なぜ？（Why?）」
　　学生「教室が暑すぎるからです」←【ここで状況説明】

　また，次のような例もあります。

● **日本の会話パターン**
　　学生「先生，プリントが足りません」←【おもむろに状況説明】
　　先生「だから？（So what?）」
　　学生「プリントをあと5枚ください（それは察して欲しい！）」←【ここで主張】

● **欧米の会話パターン**
　　学生「先生，プリントをあと5枚ください」←【まず主張】
　　先生「なぜ？（Why?）」
　　学生「プリントが足りないのです」←【ここで状況説明】

　いかがでしょうか。日本の典型的な会話パターンでは，個人の主張があとにきますので，確かに主張が目立たないと言えそうです。

2. 書くスキル（Writing Skills）

2.3.2 日本人もちゃんと主張している

しかし、これらの会話を詳しく見ると、日本人もちゃんと主張していることがわかります。ただ、その順序が違うのです。日本人は、まず状況説明をします。そして、できればこの状況説明だけで、相手に察して欲しいと考えます。たとえば、「教室が暑い（→だから窓を開ける）」や「プリントが足りない（→だからプリントを追加配布する）」のカッコの中のように、そこまで言わなくても、相手が察してリアクションすることを期待しています。それが日本の習慣なのです。察しが特に悪い人のことを、「空気が読めない人」と呼ぶこともあります。そういう文化なのですね。

それに対して、欧米の文化では、まず主張をして、相手にして欲しい行動を要求します。そのあとで、なぜそう要求したのか理由を説明します。まず主張をするという順序が習慣になっているわけです。わかりやすいですが、なんでも主張から始まるのは少々疲れる文化かもしれません。しかし、相手は必ず主張から始めるという型をもっているということを知っておけば、最初に注意を集中して、相手が取る立場を確認することで、その後の理解が進むでしょう。

ともあれ、以上の例から日本の文化においてもちゃんと主張しているということがわかります。ただ、それを明示しないことが多いということです。「暗に」主張はしているわけですね。

レポートを書くためには明確な主張が必要です。主張といってもあまり深刻に考える必要はありません。とりあえず著者である自分が、現時点で取る「立場」だと考えるとよいでしょう。立場なのですから、正しいとか間違っているとかはありません。言論の自由がある限り、立場は自由に取れるのです。正誤があるとすれば、ある立場（主張）を成立させるためのロジック部分です。そしてこのロジック部分がレポートの中心になるわけです。

2.3.3 主張したら論証責任が生ずる

主張となる文は、次のようなものです。例をあげましょう。
 (1) 有害サイト対策は【重要な】問題だ。
 (2) 有害サイト対策をする【べき】である。
 (3) 有害サイトの存在は仕方ないと私は【考える】。

2.3 レポートは主張するための文章

これらの文を読むと，すぐに「なぜか？」と問いたくなります。「なぜ重要なのか？」「なぜするべきなのか？」「なぜあなたはそう考えるのか？」という問いかけです。これらの問いに答えることを論証と呼びます。何かを主張すると，そこには論証する責任が発生するのです。

主張を分類すると次のようなものがあげられます（横山雅彦，2006）★4。
(1) 「重要，正しい，好ましい」などの【相対的な形容詞】を使った文
(2) 「べき，できる，かも」などの【助動詞】が入った文
(3) 「思う，感じる，考える」などの【主観的な動詞】が入った文

このように，(英語での) 相対的な形容詞，助動詞，主観的な動詞が入った文は，すべて主張になります。「私はこっちの方が好き」と言ったら，それはすぐに主張になります。「好き」は主観的な表現ですから。そして「なぜ好きなのか」ということについて論証する責任が発生します。

そこまで固く考えないまでも，日常会話で「こっちの方が好き」と言ったら，「何で？」と聞きたくなりますね。会話であれば「何でって言われても，好きなものは好き」と返してもいいわけですが，もしこれがレポートであれば，その部分を論証責任として書き綴る必要があります。

自己鍛錬 ▷ 「主張を作ろう」

次の3つのパターンを使って，それぞれ1つずつ主張を作ってください。
(1) 「重要，正しい，好ましい」などの相対的な形容詞を使った文
(2) 「べき，できる，かも」などの助動詞が入った文
(3) 「思う，感じる，考える」などの主観的な動詞が入った文

例 主張の例として次のようなものが考えられます。参考にしてください。
(1) 冷やし中華よりも冷麺の方がおいしい／おいしくない。（相対的な形容詞）
(2) 小学校での英語を必修にするべきだ／するべきでない。（助動詞）
(3) パソコンはマックよりもウィンドウズの方をお勧めする／お勧めしない。（主観的な動詞）

2.4 トゥールミンの三角ロジック

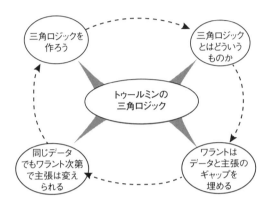

● point ●

　前節では、レポートは調べ学習ではなく、何かを主張するものだということを述べました。そして、私たちは、控えめであるにしても、常に何かを主張しているということもわかりました。

　では、ただ主張だけをすればいいのかというと、そういうわけでもありません。何かを主張すると、それを論証することが必要になってきます。なぜなら、何かを主張すると、それを聞いた相手は、なぜそう主張するのかということを知りたいと思うからです。

　レポートはまず何かを主張するということでスタートします。そして、その次に書くことは、その主張を論証することです。論証とは、自分が主張したことの理由を説明することです。

　ここでは、論証の形式として確立している「トゥールミンの三角ロジック」という形式の使い方を学びましょう。三角ロジックを学ぶことで、レポートを書くための基本がわかるでしょう。

2.4.1 三角ロジックとはどういうものか

トゥールミン（Stephen Toulmin）は，ある主張を論証するためには，それを支えるデータ（data）と，データが主張につながるためのロジックであるワラント（warrant）が必要であるとしました。

たとえば，「窓を開けた方がいい」という主張を論証するためには，まず「室温が30度だ」というデータをもってきます。これは事実ですので，論証する必要はありません。しかし，「室温が30度だ」というデータが，「窓を開けた方がいい」という主張に直接つながるかというとそうではありません。

もちろん日本人であれば，「室温が30度だ」と言われれば，それを聞いた人はすぐに「窓を開けた方がいいですね」と言うかもしれません。状況説明を聞けばすぐに主張を察してくれる日本文化の美徳です。しかしそこには次のようなロジックが間に挟まっています。

- 「室温が30度だ」　　　　　　　　　　データ
- 「30度の室温は不快だ」　　　　　　　（暗黙のロジック1）
- 「窓を開ければ室温が下がる」　　　　（暗黙のロジック2）
- 「室温が下がると快適になる」　　　　（暗黙のロジック3）
- 「不快な状態よりも快適な状態の方がいい」（暗黙のロジック4）
- だから「窓を開けた方がいい」　　　　主張

このようにデータと主張をつなぐロジックをトゥールミンは「ワラント（warrant）」と呼びました。ワラントは日本語訳されて「論拠」と呼ばれることもあります。ここでは，英語そのままを使っています。上の例では4つのロジックが使われていますが，まとめて「窓を開ければ室温が下がり，快適になる」というワラントにしました（図2-7参照）。

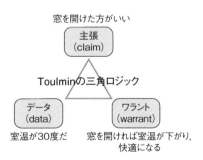

図2-7　トゥールミンの三角ロジック

2. 書くスキル（Writing Skills）

2.4.2 ワラントはデータと主張のギャップを埋める

「窓を開ければ室温が下がり，快適になる」などということは当たり前で，書くまでもないことだと思う人もいるかもしれません。この例はシンプルなので，確かにそうかもしれません。しかし，レポートを書くときはこのような単純な主張と，単純なデータばかりではありませんし，むしろ複雑な要因がからみあったトピックを問題にしていることが多いのです。そのときにワラントを詳しく書く必要が出てくるのです。

私たちが入手できるデータには限りがあります。手元には常に不完全なデータしかありません。その不完全なデータをもとにして，強い主張をしようとしているわけです。そうすると当然，不完全なデータと強い主張の間には大きなギャップができてしまいます。そのギャップを丁寧なロジック，つまりワラントで埋めていくことが必要です。そして，この作業こそがレポートを書くということにほかなりません。

まとめれば，レポートを書くためには，主張のもととなるデータを集めます。しかし，いくらデータを集めてもそれは常に不完全です。しかし，不完全なデータから，私たちは何かを主張したいのです。そのときに丁寧にロジックを考え，不完全なデータと主張の間のギャップを埋めていきます。それがレポートを書くということの中心部分です。

2.4.3 同じデータでもワラント次第で主張は変えられる

たとえば，「ある島の住民は靴を履く習慣がない。全員が裸足で暮らしている」というデータを与えられたとき，あなたは次のどちらの主張をするでしょうか？（このエピソードは，唐津　一，1993★5によります）。

(1) この島の住民に靴を売り込むのは無駄である
(2) この島の住民にはぜひ靴を売り込むべきである

もし(1)の主張を取るとすれば，ワラントは次のようになります。

・データ：　全員が裸足で暮らしている。
・ワラント：人が習慣を変えるのは難しい。裸足という習慣も変わらない。

とすれば，靴を売り込んでも買う人はいないだろう。
- 主張： だから，この島の住民に靴を売り込むのは無駄である。

もし (2) の主張を取るとすれば，ワラントは次のようになります。
- データ： 全員が裸足で暮らしている。
- ワラント：もし一人でも靴を履く快適さを経験したら，すぐに靴は広まるだろう。
- 主張： だから，この島の住民にはぜひ靴を売り込むべきである。

いかがでしょうか。まったく同じデータから，正反対の主張をすることができます。それは，ワラントとしてどういう論理展開をするのかということにかかっています。つまり，ワラント次第で，同じデータから正反対の主張をすることもできるのです。

この例からワラントを考えるのがいかに重要かということがわかると思います。どんな主張をするのでも，それはワラント次第です。だから，レポートではどのようにワラントを構成するかが重要な仕事になるのです。

自己鍛錬 ▷ 「三角ロジックを作ろう」

2.3 の 自己鍛錬 で作った 3 つの主張のそれぞれに，データとワラントを加えて，三角ロジックを構成してください。「主張，データ，ワラント」を 1 つのセットとして，それを 3 セット作りましょう。

2.5 議論の方法

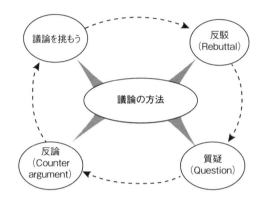

● point ●

　授業の中でよく「このテーマについて議論しましょう」という実習が行われます。これは，対面の議論の場合もありますし，また，BBS（電子掲示板）を使ったオンラインの議論の場合もあります。

　議論をする目的は，特定の主張を含む三角ロジックについて参加者がその不備を洗い出すことによって，その主張を精密で頑健なものにすることです。

　それでは，主張を頑健なものにするためにはどう議論したらいいのでしょうか。それは，その主張を含む三角ロジックに対して「反対」すればいいのです。誰かがその主張に「賛成」しても，その三角ロジックが強くなるわけではありません。その三角ロジックを強くするためには，それに反対しなければなりません。反対は，ただ反対するためにするのではありません。そうではなく三角ロジックを強くするために，「あえて」反対するのです。

　自分がせっかく提出した主張に「反対」されると，ムッとする人もいるかもしれません。しかし，反対されたら，それを逆に歓迎するべきなのです。なぜなら，それは自分の主張をより頑健なものにするチャンスなのですから。

　では，反対する方法にはどのようなものがあるのでしょうか。反対の方法は，反駁，質疑，反論の3種類があります。以下に詳しく見ていきます。

2.5　議論の方法

2.5.1　反駁（Rebuttal）

反駁は，三角ロジックの「データ」または「ワラント」に反対することです（図 2-8 参照）。

ちなみに「主張」に対しては常に反駁できません。「窓を開けた方がいい」に対して，「いや，私は窓を閉めた方がいいと思う」と反対してしまっては，堂々巡りになるだけです。そうではなく，主張を支えているデータとワラントを攻撃するのです。これが反駁です。

たとえば，「室温が 30 度だ」というデータに対して，「いや，その温度計は狂っている」というデータを出せば反駁になります。

また，「窓を開ければ室温が下がり，快適になる」というワラントに対して，「もし外気温の方が高温ならば窓を開けても室温は下がらない」というワラントを出せば反駁になります。

上記のような反駁を受けたなら，主張側は，「温度計は正確だ」というデータや，「外気温は室温よりも低いので，窓を開ければ室温は下がる」というワラントを提示することで再反駁します。これにより最初の主張はさらに頑健なものになるわけです。

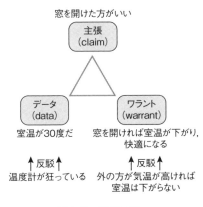

図 2-8　反駁の例

2. 書くスキル（Writing Skills）

2.5.2 質疑（Question）

　反対の方法の2番めは，質疑です。質疑は，三角ロジックの「データ」または「ワラント」そのものに疑問を提示することです（図2-9参照）。

　ここでも「主張」は常に質疑できません。「窓を開けた方がいい」に対して，「なぜ窓を開けた方がいいと主張するのですか」と質疑しても，主張側はすでにデータとワラントを示してその理由を明示しているのですから無意味です。そうではなく，主張を支えているデータとワラントに質問します。これが質疑です。

　たとえば，「室温が30度だ」というデータに対して，「なぜ30度だとわかるのか？」という質疑を出します。

　また，「窓を開ければ室温が下がり，快適になる」というワラントに対して，「なぜ窓を開けると室温が下がるのか？」という質疑を出します。

　上記のような質疑を受けたなら，主張側は，「室温は正確な温度計によって測られた」というデータや，「外気温が室温よりも低い場合は，窓を開けることで外気が室内に流れ込み，それによって室温が下がる」というワラントを提示することで回答します。これにより最初の主張はさらに頑健なものになるわけです。

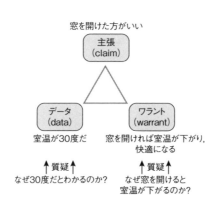

図2-9　質疑の例

2.5.3 反論（Counter argument）

反対の方法の3番めは，反論です。反論は，主張側の三角ロジックとは別の新しい三角ロジックを立てることによって，相手の三角ロジックそのものをつき崩そうとするものです（図2-10参照）。

ここでも相手の「主張」を直接攻撃しているわけではないことに注意してください。相手の主張を直接攻撃するのではなく，自分の方で新たな主張を含む三角ロジックを立てるのです。このことによって相手側の主張が不適切であることを判定者に委ねようとするわけです。

たとえば，反論の例として，「室温が30度だ」（データ）→「クーラーを入れれば室温が下がり，快適になる」（ワラント）→「窓を閉めた方がいい」（主張）という三角ロジックを立てます。ここでは，「室温が30度だ」というデータは，主張側のものをそのまま使っています。ワラントを新たに立てることで正反対の主張を組み立てています。

このような反論を受けたなら，主張側は，相手の三角ロジックに反対する必要があります。もし反駁と質疑によって反対側の三角ロジックをつき崩すことができれば，その結果として主張側の主張が適切であるということになります。そうでなければ反対側の主張が適切であるということになります。

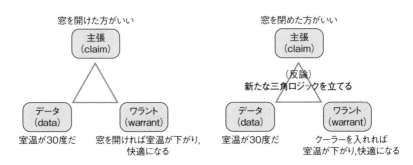

図2-10　反論の例

自己鍛錬 ▷ 「議論を挑もう」

2.4の **自己鍛錬** で自分が作った3つの三角ロジックそれぞれに，反駁，質疑，あるいは反論のどれかの方法で議論を挑んでください。

2.6 レポートの構成と序論の書き方

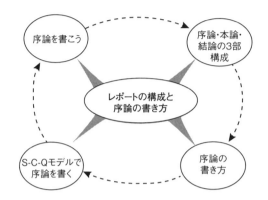

● point ●

　課題として出されるレポートの分量は，課題を出す教員によってさまざまです。多くの場合は，1000字，2000字，4000字といったところでしょう。A4判用紙に，40字×25行でレイアウトすると，1ページで1000字になります。1ページ1000字で換算すると，1ページ，2ページ，4ページくらいの見当になります。これ以上の長いレポートが出される場合もありますが，まれです。

　直観に反するかもしれませんが，レポートは分量が短ければ短いほど，書くのが難しいものになります。だらだら書けば，1000字はすぐに超えてしまいます。1000字のレポートを書くためには，良い視点をもって，十分推敲することが必要です。そうした意味で，1000字のレポートは書くのがもっとも難しいのです。

　逆に言えば，1000字のレポートを書けるようになれば，2000字でも4000字でもうまく書けるようになります。材料を増やし，記述を詳しくすれば，適当な字数に増やすことができるからです。ですので，まずは，1000字で言いたいことが十分伝わるようなレポートを書けるようにトレーニングしましょう。

2.6.1 序論・本論・結論の3部構成

　文章の構成法というと，すぐに「起承転結」を思い出すかもしれません。起承転結は，中国の古典的な詩の形式です。東洋の感性には合っているかもしれませんが，レポートの形式としては使いません。ここで「起承転結」ではなく「序論・本論・結論」という構成方法を覚えてください。

　レポートは，序論・本論・結論の3つの部分で構成します。この構成方法は，アカデミックな文章だけでなく，企画書や報告書などの実務的な文章でも使われる共通した枠組みです。

　最初に，「序論」では，このレポートで扱うテーマについて，読者に導入し，説明します。全体を1000字とすると，250字くらいで書くとよいでしょう。序論の最後では，このレポートで取り上げる「問い（Question）」とそれに対する「答え（Answer）」を提示します。この「答え」が「主張（Claim）」です。

　次に，なぜこの主張が成立するのかを説明する「本論」がきます。ここはレポートの本体（Body）の部分です。字数は6割の600字くらいが適当でしょう。ここで，データとワラントを使って三角ロジックを構成します。

　本論の論点は3つを目安に書くとバランスがよく，説得力が増します。3つという数字に強い根拠はありません。2つでは物足りなく，4つでは多すぎるということです。3つの各論をそれぞれ200字で書くと，本論全体で600字になります。

　最後に，レポート全体をまとめて力強く終わります。これが「結論」です。結論は150字くらいがいいでしょう。結論だけを読んでも，全体がわかるように，問題の背景，問いと答え（主張），そしてその理由を簡潔に書きます。

　以上をまとめて視覚化したのが図2-11です。

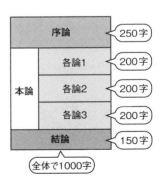

図2-11　レポートの構成と分量の割合

2.6.2 序論の書き方

　序論は，このレポートで扱うテーマについて，読者に導入し，説明する部分です。序論の最後では，このレポートで取り上げる「問い（Question）」とそれに対する「答え（Answer）」を提示します。この「答え」が「主張（Claim）」となります。

　序論は，読者が最初に読む部分ですので，「おもしろそうだし，これは重要な問題だな」と思わせることが大切です。とはいえ，そういう文章を書くのは簡単なことではありません。ここでは，バーバラ・ミント（1999）★6 が提案している「状況・焦点化・問い」モデル（Situation-Complication-Question Model=S-C-Qモデル）をマスターしましょう。このモデルは非常に応用範囲が広いので身につけておく価値があります。

2.6.3　S-C-Q モデルで序論を書く

　S-C-Q モデルでは，序論の中で次の3段階の展開をします。

　まず，状況について述べます。これはレポートで扱うテーマについて，確認されている事実やデータ，また，新聞のニュース記事，雑誌の記事などを紹介して，現在の社会的状況を描写します。ここで述べることは，社会全般で確認されていることなので，読者を強く説得する必要はありません。したがって，読者は序論を読みながら，自然にレポートのテーマに入ることができます。

　次に，全体的な状況を焦点化して，このレポートで扱う特定のトピックに範囲を縮めていきます。どんなレポートでも，大論文でない限りは，扱う範囲をせばめて特定化しなくてはなりません。トピックが広い，ぼんやりとしたレポートは必ず失敗します。たとえば，「日本における英語教育」という広いテーマであれば，これをせばめて「小学校における英語の教科化の是非」というトピックに絞ります。

　序論の最後の部分では，このトピックを受けて，問いと主張を明確に述べます。たとえば，「小学校では，英語の授業を教科化するべきだろうか？」という問いを立てたならば，主張は「小学校での英語の授業を教科にするべきである（あるいは，するべきではない）」となります。そうすると読者は「その理由は？」と聞きたくなるので，それを次の本論で書いていくわけです。

2.6 レポートの構成と序論の書き方

図 2-12 S-C-Q モデルによる序論の構成

以上の S-C-Q モデルを，視覚化したものが図 2-12 です。
S-C-Q モデルで書いた序論の例を下に示しましょう。約 270 字です。

【序論】
　日本では中学校から外国語，特に英語が教えられてきた。しかし，大部分の人にとってはコミュニケーションの道具として使えるほどにはなっていない。長い時間をかけて英語教育をしているにもかかわらず，使えるようにはなっていないという批判も多く聞かれる【状況】。そうした状況の中，2011年度に，小学校 5 年生から英語が必修化され，さらに 2020 年には成績のつく教科として導入されることが提案されている【焦点化】。はたして，小学校高学年において英語が教科という枠組みで行われることは良いことなのだろうか【問い】。この問題について，私は小学校での英語教科化に賛成の立場を取りたい【主張】。

自己鍛錬 ▷「序論を書こう」

　トピックを「小学校での英語の教科化の是否」として，序論を 250 字くらいで書いてみよう。

2.7 本論と結論の書き方

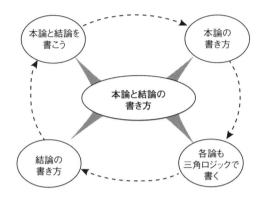

● point ●

　序論では，まずレポートのトピックの背景となる状況を説明します。そこから焦点化してトピックを明確なものにします。そして最後に問いを立てて，それに答える形でこのレポートの主張を述べます。

　ここでは，序論に続く，本論の部分の書き方について学びましょう。本論では序論で述べた1つの主張を論証していきます。三角ロジックのところで学んだように，レポートで書くべきことは，1つの主張を論証するということです。さまざまな反駁や質疑，反論といったことを自分で想定して，それらに対して，自分の主張を論証していくことが書くべき内容になります。

　最後に結論の書き方について学びましょう。結論では新しい情報を書く必要はありません。そうではなく，序論と本論の内容をコンパクトにまとめたものを書きます。読者を感動させるような気のきいた言葉を入れようとするとうまくいかないでしょう。内容をコンパクトにまとめて力強く終わります。

2.7 本論と結論の書き方

2.7.1 本論の書き方

　本論では，序論で立てた1つの主張を論証していきます。論証するためには，前の章で紹介した三角ロジックを使います。

　仮に「小学校での英語を教科にするべきである」という主張を立てたとしましょう。この主張を成立させるための三角ロジックの1つは次のようなものが考えられます。ここで，Cは主張，Dはデータ，Wはワラントです。

- C： 小学校での英語を教科にするべきである。
- D1： 大人になったとき英語で困らないようにした方がいい。
- W1： 英語を使えるようになるには小学校段階で英語を習得するのが効果的だから。

　ほかに，次のような2つの三角ロジックが考えられます。

- C： 小学校での英語を教科にするべきである。
- D2： 英語は海外に進出するときに便利である。
- W2： 子どものときに英語に親しめば英語に対する抵抗は少ないので。

………

- C： 小学校での英語を教科にするべきである。
- D3： 外国の文化に親しむべきである。
- W3： 言葉は文化の中心だから。

　以上，3つの三角ロジックを立てて，1つの主張「小学校での英語を教科にするべきである」を支えています。

　さて，ここで，データとして出した次の3つの文をよく見てみましょう。

- D1： 大人になったとき英語で困らないようにした方がいい。
- D2： 英語は海外に進出するときに便利である。
- D3： 外国の文化に親しむべきである。

　これらはよく見るとデータではありません。「した方がいい」，「便利である」，「親しむべきである」というように主観的な表現が入っているからです。これらは実はデータではなく，主張なのですね。

2. 書くスキル（Writing Skills）

ですから，これらの主張を論証しなくてはなりません。それが本論で書くべきことです。これらの主張が論証済みのものになれば，それはデータとして扱うことができます。論証済みの主張はデータとして使えるというルールがあります。

2.7.2　各論も三角ロジックで書く

各論では，ここでデータとして使った主張を，さらに三角ロジックで論証していきます。たとえば，D1（下ではC1）の主張は次のように論証します。

- C1: 大人になったとき英語で困らないようにした方がいい。
- D1: 外国旅行で意思疎通できない人が多い。
- W1: 外国旅行で基本的な意思疎通ができないと不便である。できれば不便なことは避けたい。また，意思疎通ができれば，旅行を豊かな体験にする可能性が広がる。

これを一段落の文章で書くと，次のようになります。これで約170字です。

【各論 (1)】
　小学校での英語教科化賛成の理由の1番めは，大人になったとき英語で困らないようにした方がいい (C1) ということである。大人になって外国旅行したときに，意思疎通できない人が多いようだ (D1)。外国旅行で，基本的な意思疎通ができないと不便である。できれば不便なことは避けたい。また，意思疎通ができれば，旅行を豊かな体験にする可能性も広がってくる (W1)。

次に，D2（下ではC2）の主張の三角ロジックの例を示しておきましょう。

- C2: 英語は海外に進出するときに便利である。
- D2: 国際的な仕事の多くで英語が共通語として使われている。
- W2: 海外での仕事や，国内であっても外国人との共同作業の場合に，たいていは英語が共通言語として使われている。このようなときに通訳や翻訳なしに仕事を進めることができれば，便利であり，より多くの能力を発揮することができる。

2.7 本論と結論の書き方

これも文章化すると次のような約 180 字の各論になります。

> 【各論 (2)】
> 　英語教科化の 2 番めの理由は，英語は海外に進出するときに便利である (C2) ということである。国際的な仕事の多くでは英語が共通語として使われている (D2)。海外での仕事や，国内であっても外国人との共同作業の場合に，たいていは英語が共通言語として使われている。このようなときに通訳や翻訳なしに仕事を進めることができれば，便利であり，より多くの能力を発揮することができる (W2)。

最後に，D3（下では C3）の主張の三角ロジックの例を示しておきましょう。

- C3: 外国の文化に親しむべきである。
- D3: 現代はグローバルな時代である。
- W3: グローバルな世界においては，お互いに依存し合わなくては存続できない。そのときに重要なのはお互いの意思疎通である。お互いが相手を理解し合い，尊重し合うためには，お互いの文化を理解することが必要である。

これも文章化すると次のような約 160 字の各論になります。

> 【各論 (3)】
> 　英語教科化の 3 番めの理由は，現代ではできるだけ外国の文化に親しんでおいた方がよい (C3) ということである。現代はグローバルな時代である (D3)。グローバルな世界においては，お互いに依存し合わなくては存続できない。そのときに重要なのはお互いの意思疎通である。お互いが相手を理解し合い，尊重し合うためには，お互いの文化を理解することが必要である (W3)。

2. 書くスキル (Writing Skills)

2.7.3 結論の書き方

結論は，序論と本論の要約です。最後に自分の主張を繰り返して，力強く終わります。典型的には次のようなパターンでまとめましょう。

S： こんな社会的な状況がある
C： このような状況の中で，このことが問題になるだろう
Q： この問題について，私は〜〜という主張をしたい
D1： この主張の根拠の1番めは〜〜である
D2： この主張の根拠の2番めは〜〜である
D3： この主張の根拠の3番めは〜〜である
だから，私は〜〜と主張するのである（繰り返し：省略可）

結論の例を書いてみましょう。約170字です。

【結論】
　世界のグローバル化が進んでいる中 (S)，小学校での英語の教科化が検討されている (C)。私は，英語の教科化を進めるべきであると考える (Q)。その理由は，大人になったとき英語で困らないようにした方がいいこと (D1)，英語は海外に進出するときに便利であること (D2)，そして，外国の文化に親しむべきであること (D3) の3点である。これらの理由により，小学校での英語の教科化を支持したい。

最後に，レポートの例の全体を掲げておきましょう。

【5段落による1000字レポートの例】
　日本では中学校から外国語，特に英語が教えられてきた。しかし，大部分の人にとってはコミュニケーションの道具として使えるほどにはなっていない。長い時間をかけて英語教育をしているにもかかわらず，使えるようにはなっていないという批判も多く聞かれる【状況】。そうした状況の中，2011年度に，小学校5年生から英語が必修化され，さらに2020年には成績のつく教科として導入されることが提案されている【焦点化】。はたして，小学校高学年において英語が教科という枠組みで行われることは良いことなのだろうか【問い】。この問題について，私は小学校での英語教科化に賛成の立場を

取りたい【主張】。

　小学校での英語教科化賛成の理由の1番めは，大人になったとき英語で困らないようにした方がいいということである。大人になって外国旅行したときに，意思疎通できない人が多いようだ。外国旅行で，基本的な意思疎通ができないと不便である。できれば不便なことは避けたい。また，意思疎通ができれば，旅行を豊かな体験にする可能性も広がってくる。

　英語教科化の2番めの理由は，英語は海外に進出するときに便利であるということである。国際的な仕事の多くでは英語が共通語として使われている。海外での仕事や，国内であっても外国人との共同作業の場合に，たいていは英語が共通言語として使われている。このようなときに通訳や翻訳なしに仕事を進めることができれば，便利であり，より多くの能力を発揮することができる。

　英語教科化の3番めの理由は，現代では，できるだけ外国の文化に親しんでおいた方がよいということである。現代はグローバルな時代である。グローバルな世界においては，お互いに依存し合わなくては存続できない。そのときに重要なのはお互いの意思疎通である。お互いが相手を理解し合い，尊重し合うためには，お互いの文化を理解することが必要である。

　世界のグローバル化が進んでいる中，小学校での英語の教科化が検討されている。私は，英語の教科化を進めるべきであると考える。その理由は，大人になったとき英語で困らないようにした方がいいこと，英語は海外に進出するときに便利であること，そして，外国の文化に親しむべきであることの3点である。これらの理由により，小学校での英語の教科化を支持したい。

自己鍛錬 ▷「本論と結論を書こう」

(1) 「小学校での英語を教科化するべきではない」という主張を立てて，そのデータとワラントを3つ考えましょう。

(2) (1)をもとにして，各論を200字程度で3つ書いて本論を作りましょう。

(3) 最後に序論と本論を要約して，結論を150字程度で書いてください。

2.8 文章を推敲する

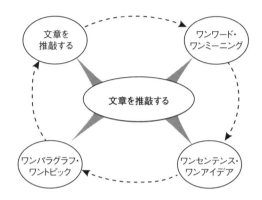

● point ●

　文章を書き上げたら，必ず推敲します。自分の文章のミスは自分では見つけにくいので，ほかの人に見てもらうことを勧めます。もし，それができないときは，一晩「寝かせて」おいてから，チェックしてください。必ず何らかのミスを見つけることでしょう。

　文章のミスは，どんなに小さなものであっても致命的です。漢字の変換ミスが1か所あるだけで，読み手は「この文章を書いた人は推敲していないな」ということを感じ取ります。その結果，文章の内容全体を信頼できなくなってしまうのです。ですから，一生懸命書いた文章であればあるほど，身長に推敲しましょう。

> 変換ミスあり！
> 一気に文章の説得力が
> 落ちますね

　ここでは，あなたの書いた文章を，単語のレベル，文のレベル，段落のレベルの3つのレベルで見直し，よりシンプルで力強い文章になるよう推敲することを学びましょう。

2.8.1　ワンワード・ワンミーニング（1つの単語に1つの意味）

　「ワンワード・ワンミーニング」というのは，1つの単語には1つの意味を割り当てるということです。たとえば「小学校」という単語を使ったら，同じ意味で使う限り，「学校」や「初等教育」という単語に言い換えるのはよくありません。同じ単語を何回も使うのは文章が単調になるかもしれないと考えて，違う単語に言い換えたくなるかもしれませんが，それはしてはいけません。つまり，同じ意味で使う限り，同じ単語を使うべきです。

● できるだけ意味の限定された単語を使う

　使う単語を選ぶときには，できるだけ意味の限定された単語を使います。たとえば「学校」という単語では，小学校なのか，中学校なのか，高校なのか，大学なのか，専門学校なのかが特定できません。したがって，小学校であれば「小学校」，大学であれば「大学」という単語を使うべきです。

　また，たとえば，誰かに「文章を見てください」と書いたとすると，相手は，文章を「確認」すればいいのか，「誤字脱字をチェック」すればいいのか，「推敲」すればいいのかわかりません。したがって，自分が伝えたいと考えていることをできるだけ特定できる単語を使って文章を書くべきなのです。

2.8.2　ワンセンテンス・ワンアイデア（1つの文に1つのアイデア）

　「ワンセンテンス・ワンアイデア」というのは，1つの文は1つのアイデアだけを運ぶということです。したがって，1つのアイデアが終わったら文はそこで終わりにします。この原則を徹底すると，1つの文は短くなります。できるだけ短い文を使いましょう。そうすれば，読み手の負担が軽くなり，誤解を生みにくい文章を書くことができます。

● 長い文は短い文に分割する

　次の文は，日本語としては通じます。しかし，長すぎます。これを次の3つの文に分割します。

例

　日本では中学校から外国語，特に英語が教えられてきたが，それは受験科目の

2. 書くスキル（Writing Skills）

1つとしての位置づけが強いため，コミュニケーションの道具として使えるほどにはなっていない。

⬇

日本では中学校から外国語，特に英語が教えられてきた【。】【しかし，】それは受験科目の1つとしての位置づけが強い【。】【そのため，】コミュニケーションの道具として使えるほどにはなっていない。

● 接続語を使う

長い文を，短い文に分割すると同時に，接続語を入れます。上の例では，「しかし」と「そのため」という接続語を補うことによって，文の流れが明確になっています。

このように，短い文に分割して，接続語を入れていくと，文章がくどくなると感じる人もいるかもしれません。しかし，レポートとして書く文章では，いわゆる「行間を読む」ことを読み手にさせてはいけません。行間を読む必要がないように，明確に書くことです。そのために，明示的な接続語を多用するのです。そうすることで，誤解の余地がない文章を書くことができます。

● 修飾語近接の原則

修飾語が複数ある場合は，修飾される語句と修飾する語句を近い位置に置きます。

例

新しい英語の教え方　　➡　　英語の新しい教え方

なぜなら，「新しい」は「教え方」にかかっているからです。

● 体言止めは使わない

例

グローバル化が進行した現代の社会。
　➡　現代の社会ではグローバル化が進行している。

「体言止め」の表現は，雑誌や新聞の記事でよく見られますが，レポートで

は使ってはいけません。文として不完全だからです。普通の文体で書きましょう。

● **接続詞，副詞はひらがなで書く**

次のような接続詞や副詞は，ひらがなで書きます。

- 「例えば」 → 「たとえば」
- 「但し」　 → 「ただし」
- 「並びに」 → 「ならびに」
- 「及び」　 → 「および」
- 「又は」　 → 「または」
- 「全く」　 → 「まったく」
- 「更に」　 → 「さらに」
- 「既に」　 → 「すでに」

2.8.3　ワンパラグラフ・ワントピック（1つの段落に1つのトピック）

「ワンパラグラフ・ワントピック」というのは，1つの段落は1つのトピック（話題）だけを書くということです。その1つの段落の中では，いくつもの話題を詰め込んではいけません。1つの話題が終わったら，改行して新しい段落を作ります。

● **トピック文とサポート文**

1つの段落はトピック文（主題文）とサポート文（支持文）から構成します。トピック文とは，その段落で言いたいことを一言で述べたものです。サポート文とは，そのトピック文を支える，材料や，具体例や，論拠を述べたものです。

これまで学んできたトゥールミンの三角ロジックに従って段落を構成すると，最初にトピック文として「主張」がきます。そのあとに，サポート文として，「データ」と「ワラント」が続きます。したがって，自然に，トピック文とサポート文から構成された段落ができあがります。

自己鍛錬 ▷ 「自分が書いた文章を3つのレベルで推敲しよう」

2.7の **自己鍛錬** で書いた1000字の文章を，単語のレベル，文のレベル，段落のレベルの3つのレベルで見直し，よりシンプルで力強い文章になるよう推敲しましょう。

2.9 プレゼンテーション用のスライドを作る

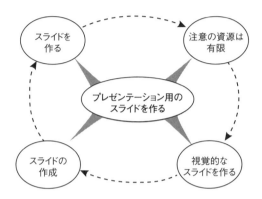

● point ●

　プレゼンテーションとは，複数の人の前で，資料を使って，特定のテーマについて説明をすることです。現代では，パソコンでスライドを作り，それをスクリーンに映し出しながら説明をするスタイルが一般的になりました。

　プレゼンテーションでは，視覚に訴えるスライドを提示することと，ストーリー性のあるスピーチをすることが，良いプレゼンテーションをすることにつながります。

　ここで注意しなくてはならないことは，人間が一度に受け入れられる情報量には限界があるということです。心理学の言葉でいうと「注意の資源は有限」ということです。つまり，聴覚的に入ってくるスピーチの内容に注意を払っているときは，視覚的なスライドの内容をきちんと見ることはできません。逆もまた同様で，スライドを詳しく見ているときには，スピーチの内容を耳で追うことができません。プレゼンテーションを計画するときには，この法則を念頭に置く必要があります。

2.9.1 視覚的なスライドを作る

　スライドを提示するとき，そこに文章が書いてあったら私たちはどうするでしょうか。読もうと思わなくても文章を読んでしまいます。人は，字が書いてあると「自動的に」その字を読んでしまうという性質があります。これを「自動的読み（Automatic reading）」と呼びます。

　もし，スライド一面に文字が書いてあったら，私たちはそれを読んでしまいます。そしてそれを読んでいる間は，スピーチの言葉は耳に入ってきません。注意の資源が一定なので，読みに資源が奪われれば，聞く方には注意がいかないからです。

　もし自分のスピーチを注意深く聞いて欲しいと思うなら，スライドに文章をたくさん詰め込んではいけません。スライドとして見せるべき情報は文章ではなく，写真や図や表などの非言語的な情報です。

　図2-13を見てください。左側は文字だけで構成したスライド，右側は最小限の情報を文字化したスライドです。左側のスライドは，箇条書き方式を使って簡潔にしようとはしていますが，文字がたくさん書かれています。一方，右側のスライドは，キーワードだけが文字になっています。その代わり，背景に印象的な写真を使っています。

　スライドの中の文字を最小限にすれば，聴衆はスライドが提示されても，自動的読みをする時間は最小限に留まります。そのおかげで，自分の注意をスピーチに振り向けることができるのです。

図2-13　字の多いスライド（左）と少ないスライド（右）

2. 書くスキル (Writing Skills)

一方，スライドの中にたくさんの文字があると，文字を読む作業と，スピーチを聞く作業を切り替えながら理解しなければなりません。そのため，理解のための処理が追いつかず，プレゼンテーションの内容理解が浅くなってしまうおそれがあります。

文章の多いスライドは，インパクトが弱くなってしまう危険性もあります。しかし，スピーチをする方としては安心です。話すべき内容はすべてスライドに書いてあるからです。もし次に話すことを忘れてしまっても，スライドを見れば，すぐに思い出すことができます。

しかし，本来はスピーチを何度も練習して，スライドを見なくても（ましてや原稿を見なくても）話せるようにしておくべきです。

2.9.2 スライドの作成

スライドを作成するためには，PowerPoint（Win/Mac 共通）や Keynote（Mac 用）などの専用ソフトを使います。

また，ブラウザ上で，Google ドライブ（http://drive.google.com/）を使うこともできます。Google ドライブでは，ワープロ文書，表計算などが作成できますが，スライドも作成することができます（図2-14 参照）。

図2-15 は，Google ドライブでのスライド作成画面です。スライドの1枚ごとに，文字，図形，画像，表，フリーハンドの絵などを入力していきます。

図2-14　Google ドライブからプレゼンテーションを選ぶ

2.9 プレゼンテーション用のスライドを作る

図 2-15 スライド作成画面

自己鍛錬 ▷ 「スライドを作ろう」

　自由なトピックを選んで，スライドを 10 枚作ってみましょう（表紙も含めて）。スライドを作成するソフトは，PowerPoint（Win/Mac 共通），Keynote（Mac 用），あるいは Google ドライブ（http://drive.google.com/）の「プレゼンテーション」から好きなものを選んで，使いましょう。

2.10 プレゼンテーションでスピーチをする

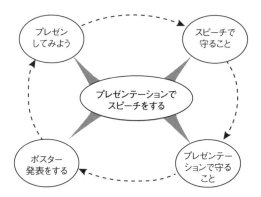

● point ●

　スライドでは写真やグラフなどを提示して，空間的な情報を提示します。それに対して，スピーチでは，ストーリーを語るようにします。具体例やエピソードを話の中に入れることによって，聴衆に訴える力が大きくなります。

　初めからスピーチのうまい人はいません。だれでも大勢の人を目の前にして話をするときは，ドキドキするものです。あがったり，緊張してしまうこともあるでしょう。それでも，何回も何回もスピーチを経験すれば，必ず上手になっていきます。多くの人を目の前にして話をする機会は，そうたくさんはありません。ですのでそういう機会を良いチャレンジだと考えて，スピーチできるような能力をつけていきましょう。それは必ずあなたの将来に役に立つスキルになります。

　以下に，あなたがスピーチをする際に気をつけるとよいことをあげていきます。スピーチをするときに，以下の点に注意していけば，必ず上手になっていくでしょう。

2.10 プレゼンテーションでスピーチをする

2.10.1 スピーチで守ること

● **原稿を読まない**

スライドを使ったスピーチでは，原稿を読んではいけません。原稿を読むと聴衆は退屈します。しまいには眠ってしまうでしょう。万が一，話すべき内容を忘れてしまっても，スライドを見ればそこに手がかりが書いてありますので，大丈夫です。くれぐれも原稿を読んではいけません。

● **発声**

スピーチでは，適度に大きな声で話します。最初は若干ゆっくりめのスピードで話すとよいでしょう。調子が乗ってくれば，だんだんとスピードが上がりますし，聴衆もそれに慣れてついてきます。しかし，初めの数分間はゆっくりと明確な発音を心がけて話すのがいいでしょう。

● **姿勢**

話すときの姿勢も大切です。すっと立ってください。静止しているときの姿勢が美しいものであるように心がけてください。上体がふらふらと揺れていると，聞いている方も不安になってしまいます。そして，一箇所にとどまらずに，ちょっと場所を移動したり，両手を使って強調したりして，適度なジェスチャーを入れます。聴衆にとってジェスチャーは，スピーチの力点を示すための手がかりになります。

● **視線**

スピーチしているときの視線は聴衆に向けます。原稿を読んでもいけませんし，またスライドを見続けてもいけません。話しながら，順次聴衆とアイコンタクトしていきます。そして，生き生きと話をしてください。楽しそうに話せば，その気持ちは聴衆に伝わります。スピーチを楽しみましょう。

2.10.2 プレゼンテーションで守ること

● **指し棒・ポインター**

スクリーンが比較的小さくて近くにあるときは，指し棒を使います。また，

2. 書くスキル（Writing Skills）

スクリーンが大きくて遠くにあるときは，レーザーポインターを使います。パソコンのマウスポインターを表示させて示す方法は，マウスポインターが見にくいことが多いので，避けた方がいいでしょう。指し棒でもレーザーポインターでも一度指したら，顔を聴衆の方に向けます。スクリーンの方を向いて話してしまうと，声が聞こえにくくなります。

● 時間を守る

最後に重要なことは，制限時間を守ることです。これだけは絶対に守ってください。決められた時間をオーバーしないことです。時間をオーバーしたときは，話の途中であってもすぐにやめなければいけません。それは，聴衆の質問の権利を奪うことであり，次のスピーチをする人の時間を圧迫することだからです。それをやってはいけません。そのためにも，スピーチのリハーサルを十分にして，きっちりと時間通りに終わるようにしましょう。時間ぴったりに終われば，それだけで良い印象が残ります。

● スライドの枚数と時間の関係

時間をオーバーする場合の原因の多くは，スライドをたくさん作りすぎることです。だいたいスライド1枚に対して1分の時間がかかると見積もります。プレゼンテーションの時間が15分であれば，スライドの枚数は15枚以内に抑えることです。

2.10.3　ポスター発表をする

学会での研究発表の多くは，ポスター発表形式で行われます。また，通学生でも所属するゼミによっては，卒論発表をポスター形式で行うところがあります。

実際の学会でのポスター発表のようすを図2-16に示しました。この写真では，ポスターは，大判プリンターで印刷して作っています。「A0判」という大きさです。

大判プリンターで印刷できない場合は，まずスライドを作成し，それをA4判の厚紙（写真用の光沢紙がお勧めです）に印刷して，裏からマスキングテー

2.10 プレゼンテーションでスピーチをする

図2-16 ポスター発表のようす

プで貼り合わせます。3列4行，あるいは3列5行で貼り合わせるとちょうどポスターの大きさくらいになります。このようにしてポスターを作成すると良いでしょう。

自己鍛錬 ▷ 「5分間スピーチをしよう」

作ったスライドを提示しながら，実際に5分間のプレゼンテーションをし，自分の感想や聞き手の感想を書いてください。

プレゼンテーションは，以下の3つの観点から評価されます。これらを意識して行ってみましょう。

(1) スピーチ（声，スピード，姿勢，アイコンタクト，動作）
(2) 発表内容（ストーリー，構成，わかりやすさ）
(3) スライド（文字の大きさ，見やすさ，インパクト）

3. リサーチスキル
Research Skills

　学ぶスキルと書くスキルに続いて身につけたいのは，「リサーチスキル」です。リサーチというのは，世界や社会を特定の側面から整理し，新しい見方や考え方，つまり「モデル」や「理論」を発見することです。そして，それが社会を改善・改革していく原動力となるのです。

　リサーチスキルやリサーチの方法を身につけることが，大学での最も重要な課題といえるかもしれません。大学で学ぶいろいろな知識や情報は，時間とともにすぐに古くなってしまいます。しかし，リサーチの方法をいったん身につければ，それはいつまでも役に立ちます。社会に出て仕事を始めてからも役に立つでしょう。

3.1 リサーチスキルの意味

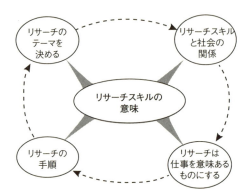

● point ●

多くの大学では，「卒業論文」や「卒業研究」や「ゼミ論」という名前で，1つのテーマについての研究を実施し，それを論文の形としてまとめることを学生に求めています。研究を計画し，実施し，まとめるための技能を「リサーチスキル」と呼びます。

卒業研究は，1年または2年もの長い期間をかけて，「ゼミ」という形式で担当の教員から直接指導を受けながら進めていくものです。最終的には数十ページ，数万字の文章を書くことになります。卒業研究には，かけた時間と労力に対応した単位数が与えられています。

最近では，大学の初年次から「基礎ゼミ」というような名前で，ゼミ形式による指導を受ける練習をする大学が増えています。この理由の1つは，卒業研究に必要なリサーチスキルを大学が重視しているためです。もう1つは，ゼミ指導を受けてもリサーチスキルを短期間に身につけることは難しいので，早めに準備するためです。

ここでは，研究（リサーチ）とはどういうことなのか，そしてそれは私たちにとってどのような意味があるのかということを学びましょう。

3.1.1 リサーチスキルと社会の関係

　リサーチスキルは社会に出たときにどのように役立つのでしょうか。もし，大学で学ぶリサーチスキルが社会では何の関連もないとしたら，それは役に立たないものだという批判を受けることになるでしょう。その一方で，「すぐに役に立つような知識とスキルは，すぐに役に立たなくなる」と言って，すぐには役立たないような知識とスキルを伝えていくのが大学の役割なのだと主張する人もいます。実際は，この中間地点にあります。リサーチスキルはすぐに役立たないとしても，長期的に役に立ちます。また，リサーチスキルの枠組みをもっていることによって，すぐに役立たなくなるような知識とスキルを長期的に役立つものにすることができるでしょう。

　社会における生産のプロセスは「調査企画→研究開発→生産→販売」からなっています（図3-1参照）。まず，社会と人々のニーズを調査します。そしてターゲットを決めて企画します。次に，研究開発を行い，企画を実現化していきます。開発がうまくいけば，これを生産します。最後に，生産されたものを販売していきます。このプロセスをたえまなく行うことによって社会全体が成長していくのです。

　多くの会社組織では，この生産のプロセスを分業しています。ですから，調査企画，研究開発，生産，販売のどの部門で自分が働くことになるかは，現時点では予測できません。しかし，どの部門であろうが，その業務を改善していくことは不可欠です。業務を改善するためには，リサーチ的な考え方が必要です。改善のプロセスは以下のようになります。現在の業務の問題点を「調査」し，改善を「企画」する。改善の方法を「開発」し，データを取り，試行錯誤しながら「研究」する。うまくいきそうなものができたらそれを「実行」してみる。もしそれがうまくいくものであれば，それを広く「普及」させる。このようにリサーチの枠組みを使うことによって，改善がスムーズに進められます。

図3-1　社会的な生産のプロセスと分業

3. リサーチスキル（Research Skills）

3.1.2　リサーチはあなたの仕事を意味あるものにする

　組織の中で，あなたがどんな部門に割り当てられたとしても，その業務を改善していくことは不可欠です。改善のためには，現状がどうなっているかを知り，改善案を試してみて，実際に改善されるかどうかを検証することが必要です。このプロセス全体がリサーチに当たります。このように考えていくと，つまらない仕事というものはなくなります。改善という視点で眺めてみると，あらゆる仕事が興味を引く研究対象として見えてきます。

　どんな仕事でも，ルーチンワークの部分とイノベーションの部分があります。ルーチンワークとは定式化された仕事です。やり方が決まっている作業です。イノベーションとはルーチンワークのやり方を変えること，あるいはそれに代わる新しい仕事を生み出すことです。イノベーションと呼ぶと，大げさなものをイメージするかもしれません。しかし，ルーチンワークのちょっと非効率的なところを発見して，それを工夫によって改善するということもイノベーションなのです。

　仕事を「誰かに与えられたルーチンワーク」としてとらえると，つまらないものになります。そうではなく，ルーチンワークではあるけれども，それは常に改善の余地があり，自分自身にそれができる，と考えれば，どんなルーチンワークでもおもしろいものになります。それが自分にとっての「仕事の意味」になるからです。意味のある仕事はやりがいを生み出します。

　ルーチンワークを改善したり，それに代わる新しい仕事を生み出すときに使えるのがリサーチの枠組みです。リサーチスキルを身につけることによって，仕事を改善したり，新しく作ったりすることができます。そしてそれをまわりの人に対して，説得力をもって伝えることができるようになります。社会では，一人で働くのではなく，チームで働くことがほとんどですので，リサーチの枠組みを使える能力と，リサーチの成果を伝えるスキルが必要なのです。

3.1.3 リサーチの手順

リサーチの手順は，大きく分けて以下の4つの段階からなっています（図3-2参照）。

図3-2　リサーチの手順

(1) 文献を読み，視点を決める
(2) データを収集し，分析する
(3) 論文を書く
(4) プレゼンテーションをする

1番めに，リサーチのテーマを決めます。リサーチのテーマは，あなたが関心をもっている切実な問題の中から見つけるといいでしょう。たとえば，勉強中に思いついたことでも，仕事をしながら考えたことでも，普段の日常生活の中で感じたことでも，自分の興味を引いたことなら何でもいいのです。何も浮かんでこないという人もいるかもしれませんが，テーマを見つけようという気持ちでいれば必ず何か見つかるはずです。

2番めに，データを収集し，それを分析します。このときに自分の手でデータを集めるという作業が大切です。もちろんたくさんの本を読んだだけで問題が解決する場合もありますし，大学で書くレポートは，本を読んでそれをまとめ自分の考えを書くというパターンが多いのです。しかし，卒業研究では自分でデータを取ることがほとんどです。自分でデータを取り，それを分析するというトレーニングが大切です。

3番めに，データを分析した結果に基づいて論文を書きます。論文は確かに分量が多いので，書くのは大変です。それでも基本的な形は，「2.書くスキル」に基づいて書いていけば大丈夫です。

4番めに，その研究結果をみんなに聞いてもらうためにプレゼンテーションをします。あなたが実施したリサーチは貴重なものですので，関心のある人たちに伝えたいと思うはずです。そのためにプレゼンテーションをします。

自己鍛錬 ▷ 「あなたがリサーチしてみたいテーマは何か」

あなたがリサーチしてみたいテーマはどんなものでしょうか。300字以内で書いてみましょう。

3.2 概念を探し，変数を作る

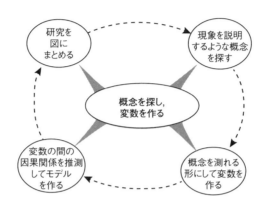

● point ●

あなたがリサーチしてみたいテーマはどのようなものでしょうか。あなたが興味を抱いたものであれば，どのようなテーマであってもいいのです。私のゼミでは，たとえば，次のようなテーマがあげられていました。

(1) 大学生の挫折と立ち直りに関する研究
(2) 大学生のダイエットについての意識に関する研究
(3) 大学生のゲームプレイと学習意欲に関する研究

ここで，それぞれの人が着目したこと，たとえば，大学生の挫折経験と立ち直り，大学生のダイエットに関する意識と行動，大学生のゲームプレイと学習意欲など，このようなものを「現象」と呼びます。このようにあなたが注目した現象が，あなたのリサーチの出発点となります。

3.2.1 現象を説明するような概念を探す

あなたは，自分の関心を引いた現象を切り出してきました。それがリサーチの出発点としてのテーマとなります。次にやることは，その現象を説明するような概念を探すことです（図3-3参照）。

概念というのは，注目している現象の裏側で働いている抽象的なアイデアです。抽象的なアイデアですので，それが実際に存在しているかどうかはわかりません。しかし，注目している現象を説明するのに便利であるとすれば，そうした概念を想定する意味があります。そのような便利な概念を見つけていきます。

たとえば「大学生の挫折と立ち直り」という現象であれば，「挫折の体験」，「挫折の深さ」や「立ち直りの方法のレパートリー」，「立ち直りの速さ」といったようなことが概念として考えられます。一度概念として設定したならば，それを定義しておく必要があります。たとえば「挫折の体験」であれば，どこまでを挫折の体験とするのかということを決めておく必要があります。また，すでに似たような概念が，広く使われている場合もあります。たとえば「立ち直り」という意味で「レジリエンス」という概念が定義されている場合があります。このようなことも，この段階で調べておくとよいでしょう。

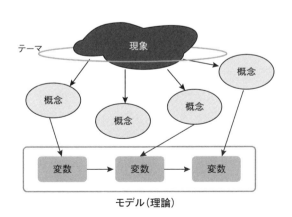

図3-3　現象，テーマ，概念，変数，モデルの関係

3.2.2 概念を測れる形にして変数を作る

　さて，重要な概念を洗い出すことができたら，その概念を測れる形にして「変数」を作ります。たとえば，「挫折の体験」であれば，それは変数としては「挫折の体験のカテゴリー（分類）」となります。そしてその変数には，値として「失恋」や「重要な試合に負けたこと」や「試験に落ちたこと」などが入ります。

　また，たとえば「挫折の深さ」であれば，それは量的な変数として測ることができます。「考えうる最も深い挫折」を「10」としたときに，その挫折体験の深さはいくつですか，という形式で測ることができます。

　このように，概念を測れるような形にしたものが変数です。変数には大きく分けて，心理的変数，行動的変数，属性的変数の3種類があります。

　心理的変数というのは，その人の考え方や態度といった心理的なものです。その人の考え方や態度は，個別にインタビューして聞いたり，あるいは質問紙を作ってアンケートに回答してもらうことによってデータを取ることができます。

　行動的変数というのは，その人が実際にしている行動の種類や回数，あるいは実際のパフォーマンス（たとえば学業成績や営業成績など）です。このような行動的変数は外から客観的に得られる実際のデータによって測ります。

　最後に，属性的変数というのは，性別や年齢などのようなその人の属性，あるいは家族構成や年収などのようなその人の生活環境といったその人に付随する変数です。

　このような変数を考えることによって，「挫折と立ち直り」というような一般的にだれもが経験するような現象について，様々な角度で説明をすることが可能になります。たとえば，行動的変数として「挫折の回数と深さ」を考えると，深い挫折を何度も何度も経験している人は立ち直りのレパートリーが多いかもしれませんし，立ち直りも早いかもしれません。また，属性的変数として，性別を考えると，男性と女性ではどちらの方が挫折からの立ち直りが早いかというような比較をすることができます。

　このように，初めはぼんやりとしていた現象が，概念と変数によってしだいにクリアになっていきます。研究するということは，単に興味のある現象についてあれこれ考えるだけではなく，そこから概念と変数を取り出し，それによって現象を説明し，予測するということなのです。

3.2.3 変数の間の因果関係を推測してモデルを作る

ここまで、現象に関わっていると考えられる概念と変数を洗い出してきました。最後に、変数同士の関係を推測して「モデル」を作ります。モデルというのは、どの変数が原因となっていて、どの変数が結果となっているかを推測したものです。つまり因果関係を特定するためのものです。

たとえば、「挫折経験と立ち直り」という現象においては、「挫折経験の回数や深さ」、「挫折についての考え方」が原因であり、「立ち直りの早さ」が結果であるという因果関係を想定することができます。これがモデルということです（図3-4 参照）。

このようにして、変数の間の因果関係を推測してモデルを作ります。このモデルが正しいかどうかは、このあとにデータをとって検証しますので、この段階では、自由にモデルを作っていいのです。

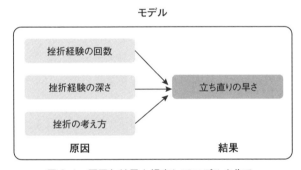

図3-4 原因と結果を想定してモデルを作る

自己鍛錬 ▷ 「あなたの研究を図にまとめよう」

あなたの研究を、以下の要素からなる図としてまとめてみましょう。
(1) 研究対象としての「現象」
(2) 切り口としての「テーマ」
(3) 複数の重要な「概念」とそれに対応した「変数」
(4) 「変数」同士の関係を表した「モデル」

3.3 アンケートを作ってデータを収集する

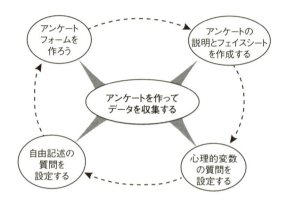

● point ●

　研究の指針となるモデルができたら，それをもとにしてアンケートを作り，データを収集します。そのデータを検討することによって，最初に立てたモデルが正しいかどうかを検証することができます。

　ここでは，アンケートをどのように作っていくのかということと，そのアンケートを使ってオンライン上でデータを収集するためにはどのようにしていけばいいのかを学びましょう。

　一般的にデータを収集する方法は多様です。現地に入ってさまざまな記録を取っていく「フィールド調査」や，関係する人たち一人ひとりに話を聞く「インタビュー調査」もあります。アンケートによる調査は，こうしたデータを収集する方法の1つです。アンケート調査は，フィールド調査やインタビュー調査に比べると，比較的短期間に多くのデータを集められるところがメリットです。

　以前は，アンケート調査は，質問を紙に印刷してそれを配布するという方法がとられていました。しかし，インターネットが一般的になった現在では，オンラインによるアンケート調査が広く使われるようになってきました。ここでは，オンラインによるアンケート調査のやり方を学びましょう。

3.3 アンケートを作ってデータを収集する

3.3.1 アンケートの説明とフェイスシートを作成する

オンラインでアンケートができるサービスはたくさんありますが，ここではGoogle 社の無料サービスである「Google フォーム」を使って進めていきます。下記の URL にアクセスしてアンケートを作っていきましょう。

　　　https://www.google.com/intl/ja_jp/forms/about/

まず最初にアンケートのタイトルと説明を作ります。アンケートのタイトルは，研究したいテーマをそのまま書くと，それが回答に影響することもありますので，やや一般的に書きます。たとえば「大学生のダイエットに関する調査」という形です。

その後に，調査についての説明を書きます。ここでは，無記名で回答できることや個人情報は公開されないことなどを説明して協力を依頼します。最後に，自分の名前とメールアドレスを書いて問い合わせに応じられるようにします。

下にアンケートの説明文の例を示しました。

> 　　　　　　　　○○についての調査のお願い
> 　この調査は，○○についてお尋ねするものです。データは数量化され，統計的に処理されますので，個人情報が公開されることはありません。この調査は強制ではありませんので，無理にお答えいただく必要はありません。しかし，できるだけ多くの方のご協力を必要としておりますので，よろしくお願いします。
> 　　　　　　　　　　　　　　　○○大学○○学部　　北大路太郎
> 　ご不明な点などありましたら，メールで
> xxx@yyy.ac.jp までご連絡ください。

次にフェイスシートの質問を作成します。フェイスシートというのは，回答者の基本的な属性，たとえば性別や年齢や職業などの情報を聞くものです。通常はアンケートの最初に聞きます。しかし，回答者にプレッシャーを与えないように，最後に聞く場合もあります。

フェイスシートを含めたアンケートの画面は，図 3-5 のようになります。

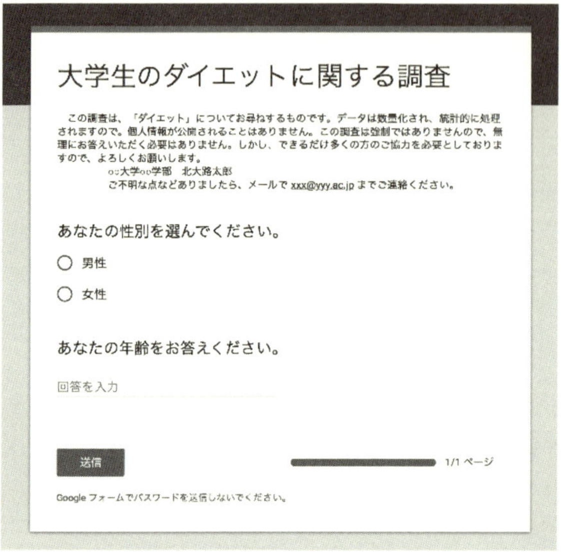

3. リサーチスキル（Research Skills）

図3-5 オンラインアンケートの画面

3.3.2 心理的変数の質問を設定する

　たとえば「ダイエットについての態度」のような質問は，心理的変数となります。態度のような複雑な心理的変数は，1つの質問で測ることができないので，いくつかの質問を組み合わせたもので聞きます。たとえば「ダイエットの目標は高めに設定する」や「痩せるためには努力が必要だ」や「体重が増えると自分を許せない」などの質問を組み合わせて，回答者のダイエットについての態度を測ろうとするのです。

　このようなものを心理尺度と呼びます。心理尺度としてすでに作られているものはたくさんありますので，自分の研究テーマに合わせて調べてみるといいでしょう。

　図3-6は，ダイエットについての態度を測る質問を5段階の選択肢で聞いたものです。心理尺度では，5段階の選択肢による回答がよく使われます。その場合の選択肢としては，「1. まったくそう思わない　2. あまりそう思わない　3. どちらともいえない　4. だいたいそう思う　5. まったくそう思う」というような文言で設定します。

3.3 アンケートを作ってデータを収集する

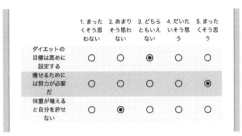

図 3-6　心理尺度の質問例

3.3.3　自由記述の質問を設定する

心理尺度の質問や選択肢では測れないようなことを聞きたいこともあります。たとえば，ダイエットをしようと思ったきっかけとしてどんなことがあったのか，文脈や状況を含んだストーリーを聞きたいような場合です。このようなときには，自由記述の質問を設定します。

図 3-7 は自由記述の質問例です。「あなたがダイエットをしようと思ったきっかけはどんなことでしたか。そのエピソードを書いてください」という質問をして，一定の長さのストーリーを求めています。このように自由記述の質問では，単語やキーワードで答えてもらうのではなく，ひとつながりのストーリーで答えてもらうようにすると，内容のあるデータを集めることができます。

アンケートの最後には，必ず回答へのお礼を述べます。そして，これでアンケートが終わりであることを示します。

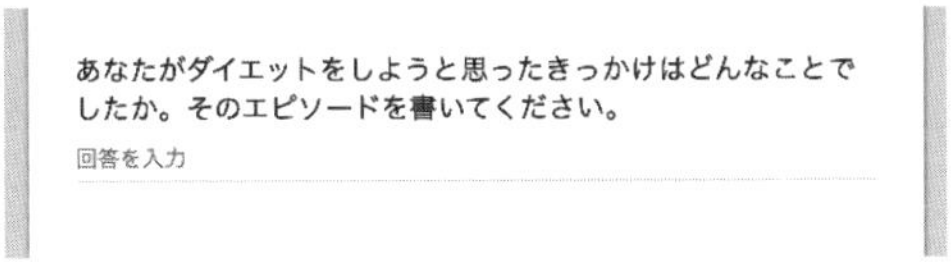

図 3-7　自由記述の質問例

自己鍛錬 ▷ 「オンラインでアンケートフォームを作ろう」

Google フォームなどのような Web 上でオンラインアンケートができるサービスを利用して，アンケートフォームを作ってみましょう。アンケートのタイトルと説明文，フェイスシート，行動的変数の質問，心理的変数の質問，自由記述の質問を適宜組み合わせて作りましょう。

3.4 データを収集して整理する

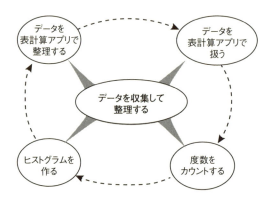

● point ●

　オンラインでアンケートフォームを作成したら，きちんと動くかどうかを，まず自分で回答して確認してみます。回答すると同時に，誤字脱字がないかをチェックしたり，また選択肢を選ぶのに迷わないようになっているかを確認します。自分が作成したフォームは自分で確認するとどうしてもミスを見逃しやすいので，できれば友だちに確認してもらうようにします。そうすれば自分で見つけられなかったミスを見つけることができるでしょう。

　アンケートフォームが完成したら，いよいよデータを収集します。まず，アンケートフォームの URL を取得します。Google フォームの場合，編集画面の右上にある「送信」ボタンを押してから，フォームの URL を取得します（図3-8 参照）。

　回答の協力を依頼できる人に対してその URL をメールで送ったり，あるいは URL を SNS で共有したりして回答を依頼します。

　ここでは得られたデータを表計算アプリで扱うことを学びましょう。具体的には，データを整理したあと，それをヒストグラムや棒グラフや折れ線グラフといったようなグラフにして一目で見てわかる形にしましょう。これを「可視化」と呼びます。

3.4 データを収集して整理する

図 3-8　フォームの URL を取得する

3.4.1 データを表計算アプリで扱う

　オンラインでのアンケートは，何人が回答したかが随時わかることがメリットです。必要な人数の回答を集めることができたらそこで打ち切ることもできます。また，初めから締め切りを決めてデータを集めることもできます。

　Google フォームでは回答の状況を随時見ることができます（図 3-9 参照）。ここでは，10 人から回答がきていること，そして回答者の性別の割合や学年の割合などがわかります。

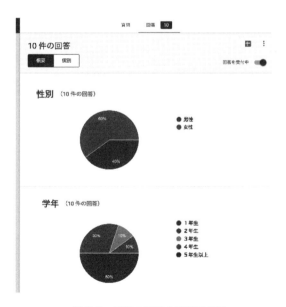

図 3-9　回答の状況を確認できる

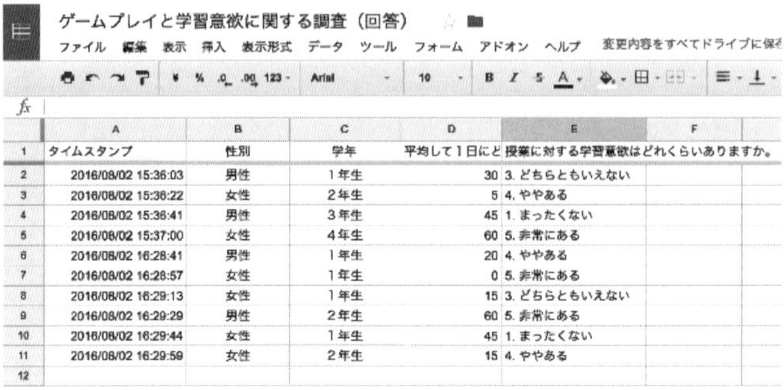

3. リサーチスキル (Research Skills)

図 3-10　Google ドキュメントの表計算アプリ

　データを確認したら，このデータを表計算アプリに取り込みます。表計算アプリは，Windows では Excel，Mac では Numbers といったアプリがよく使われます。また，Google ドキュメントの中にも表計算アプリの機能がありますので，これを使えば，データをブラウザ上で操作することができます（図3-10 参照）。

3.4.2　度数をカウントする

　図 3.10 のデータを使って，表計算アプリで整理してみましょう。ここでは，C 列の学年のデータを使って，学年別の人数を数えてみましょう。個数を数える関数として「=countif（範囲，条件）」を使います。これは「範囲」の中のデータで「条件」に合うものを数えてその個数を返す関数です。

　C 列の下の空いているセルを使って，「1 年生」から「4 年生」までを入力します（図 3-11 参照）。そして，その隣に関数を入力します。ここで「=countif(C2:C11, C18)」というのは，C2 から C11 までの範囲（ここに学年

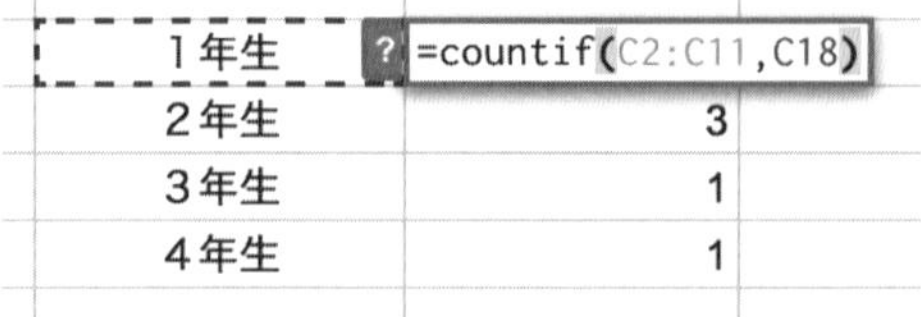

図 3-11　関数を使って個数を数える

3.4 データを収集して整理する

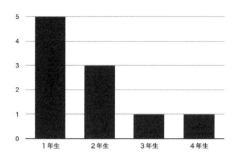

図 3-12　ヒストグラムを作る

のデータ入っています）の中で，C18（ここに「1年生」が入っています）に一致するものを数えて，その個数を返すということです。この関数を入力すると，即座に計算されて「5」という値が入ります。確かに1年生は5人いますから，正しく計算されていることがわかります。

3.4.3　ヒストグラムを作る

次にこの度数のデータを使ってヒストグラムを作ります。この度数データを選択したあとに，「グラフを挿入」のアイコンを選ぶとグラフを作成することができます。あとは，縦軸や横軸の調整，凡例やタイトルの調整などをしてグラフを仕上げましょう（図 3-12 参照）。

自己鍛錬 ▷ 「データを収集して表計算アプリで整理しよう」

あなたが収集したデータを表計算アプリで整理してみましょう。性別による度数をカウントしてヒストグラムを作ったり，年齢の幅を決めて度数をカウントしてヒストグラムを作ってみましょう。

3.5 データから基本的な統計量を計算する

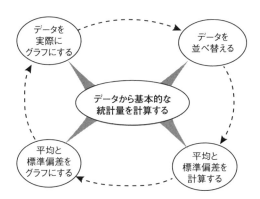

● point

　表計算アプリから度数をカウントするために「=countif」という関数を使いました。このようにいろいろな計算をするための関数がたくさん用意されています。表計算アプリでデータをさわりながら，使える関数をだんだんと増やしていきましょう。

　ここでは基本的な統計量として，平均と標準偏差を計算し，それをグラフにする方法を学びましょう。平均というのは，データの代表となる数値です。そして，標準偏差というのはデータが平均に対してどれくらいばらついているかということを表した数値です。平均と標準偏差もまた関数によって計算することができます。

3.5 データから基本的な統計量を計算する

3.5.1 データを並べ替える

ここでは，1日にゲームに費やす時間（分）のデータを，男性と女性に分けて分析してみましょう。最初の状態では，データは男性と女性に分類されていません。ですので，まず，データを性別の順に並べ替えます。

性別のデータはB列ですので，Bにマウスカーソルを持っていき，プルダウンメニューを開きます。その中に「Z→Aでシートを並べ替え」という項目がありますので，それを選択します（図3-13参照）。そうすると，データ全体が男性から女性の順に並べ替えられます。ここでは「男性」の漢字コードが「女性」よりも後になっているので「Z→A」の順番の並べ替えを指定しました。

図3-13 データを並べ替える

3. リサーチスキル（Research Skills）

3.5.2 平均と標準偏差を計算する

ここから男性と女性別に平均と標準偏差を計算していきます。平均を計算する関数は「=average(範囲)」です。また，標準偏差を計算する関数は「=stdevp(範囲)」です。ここでカッコの中には，計算の対象となるデータの範囲を指定します。

下の空いているセルに「男性の平均」「女性の平均」「男性の SD」「女性の SD」という見出しを入力します（図 3-14 の C13 から C16 のセル）。SD というのは標準偏差のことです。そして，その右のセルに平均の関数と標準偏差の関数を入力していきます。たとえば，男性の平均は「=average(D2:D5)」という関数になります。ここで，D2:D5 というのは，男性のゲーム時間のデータ範囲になっています。

関数を入力してエンターキーを押すと，すぐに平均が計算されて，その値が入ります。同様に，女性の平均（=average(D6:D11)），男性の標準偏差（=stdevp(D2:D5)），女性の標準偏差（=stdevp(D6:D11)）の関数を入れてみましょう。関数を入力すると，即座に計算が実行され，その結果が表示されます。これが表計算アプリの便利なところです。

	A	B	C	D
1	タイムスタンプ	性別	学年	平均して１日にど…
2	2016/08/02 15:36:03	男性	1 年生	30
3	2016/08/02 15:36:41	男性	3 年生	45
4	2016/08/02 16:28:41	男性	1 年生	20
5	2016/08/02 16:29:29	男性	2 年生	60
6	2016/08/02 15:36:22	女性	2 年生	5
7	2016/08/02 15:37:00	女性	4 年生	60
8	2016/08/02 16:28:57	女性	1 年生	0
9	2016/08/02 16:29:13	女性	1 年生	15
10	2016/08/02 16:29:44	女性	1 年生	45
11	2016/08/02 16:29:59	女性	2 年生	15
12				
13			男性の平均	=AVERAGE(D2:D5)
14			女性の平均	23.33
15			男性のSD	15.16
16			女性のSD	21.73
17				

図 3-14　平均と標準偏差の関数を入れる

3.5.3 平均と標準偏差をグラフにする

平均の数値が出たところで，これを棒グラフにしてみましょう。男性と女性の平均を選択したあとで，上の「挿入」プルダウンメニューを開いて「グラフ」を選択します。あとは細かい調整をしてグラフを仕上げます。

ここで，ばらつきの指標である標準偏差も計算してあるので，それもグラフに入れ込みたいと思います。これは Google の表計算アプリではできないので，いったん，Excel にデータを取り込んでからグラフを作ります。Excel の中で，「グラフ要素追加」というメニューを開き，「誤差範囲」として標準偏差のセルを指定すると図 3-15 のようなヒゲ付きの棒グラフになります。これは，平均を中心としてこのヒゲの範囲にデータの約 68% が入るという目安になります。あくまでもデータが正規分布（釣鐘型の分布）しているという前提ですが，おおよその目安になります。

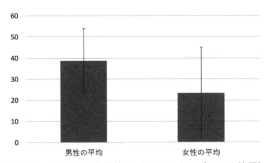

図 3-15　平均と標準偏差をグラフにする（Excel 使用）

自己鍛錬　▷　「平均と標準偏差をグラフにしよう」

あなたが収集したデータを使って表計算アプリで平均や標準偏差を計算してみましょう。性別やその他の分類による棒グラフを作りましょう。また，できれば，その棒グラフに標準偏差のヒゲをつけてみましょう。

3.6 研究レポートにまとめる

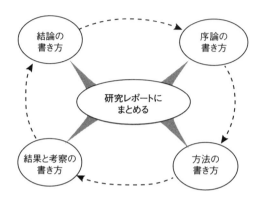

● point ●

　データを整理，分析して，グラフにまとめたら，研究レポートを書き始めます。一般的なレポートの書き方はすでに２章で学びました。ここでは，研究レポートの形式とその書き方について学びましょう。

　一般的なレポートでは，「序論・本論・結論」という３つの部分で構成されていました。研究レポートでは，この本論の部分が，「方法・結果・考察」という３つの部分で構成されます。まとめると，研究レポートは以下の５つの部分から構成されます。

1. 序論（Introduction）
2. 方法（Method）
3. 結果（Results）
4. 考察（Discussion）
5. 結論（Conclusion）

　この構成方法は，国際的に共通です。英語やその他の外国語で書かれた研究論文も，たいていはこの５部構成で書かれています。この５つの部分でそれぞれどんなことを書くかというと，簡単には以下のようなことを書いていきます。

3.6 研究レポートにまとめる

```
1. 序論  ➡  この問題について，このようなことを知りたい。
2. 方法  ➡  このような方法でデータを取った。
3. 結果  ➡  すると，このような結果になった。
4. 考察  ➡  この結果はこのように解釈できる。
5. 結論  ➡  全体をまとめると，このようなことが明らかになった。
```

これが研究レポートの形式とそれぞれの部分で書くべき内容です。以下に詳しく見ていきましょう。

3.6.1 序論の書き方

序論は，読者に対してこの研究テーマに関心をもたせ，なぜこの研究をするに至ったかということを説明する部分です。

まず，今の社会で問題になっている身近なことを取り上げて，読者を導入していきます。この部分が「背景」です。続いて，この問題について，すでにどのような研究がなされていて，どのような成果があがっているかについて書きます。この部分が「研究史」です。そして，最後に未解決の問題を取り上げて，これを研究テーマにしたいということを宣言します。この部分が「問題提起」です。

以上をまとめると，序論は次のようになります。

```
【序論】
1.1  背景      現代の社会ではこんなことが問題になっている。
1.2  研究史    これについてはすでにこのような研究がされている。
1.3  問題提起  その中で未解決のこの問題を研究として取り上げたい。
```

3.6.2 方法の書き方

方法では，自分がどのような手続きや手順でデータを収集したかについて書きます。この手続きはすでになされたことですので，過去形で書きます。そして，読者がこの研究を再現できるように正確に書くところがポイントです。

まず，この研究が明らかにしたいことを具体的に書きます。この部分が「目的」です。次に，「研究協力者」として，調査に回答してくれた人の属性やグループについて書きます。「日時と場所」では，調査を実施した期間や場所（あるいはオンラインで）について書きます。「材料と装置」では，質問をどのように作成したかや，オンライン調査の場合どのようなシステムを使ったかについて書きます。最後に「手続き」として，具体的な研究の実施手順を書きます。

以上をまとめると，方法は次のようになります。

【方法】
2.1　目的　　　　この研究では，これを明らかにする。
2.2　研究協力者　この研究に協力してくれた人の属性はこのようだった。
2.3　日時と場所　いつ，どこで，この研究を実施した。
2.4　材料と装置　使ったのはこのような材料，装置であった。
2.5　手続き　　　具体的には，このような手順で実施した。

3.6.3 結果と考察の書き方

結果と考察の区別と，その書き分け方に苦労する人が多いので注意しましょう。「結果」では，データ分析したものを自分の「解釈なし」で書きます。それに対して，「考察」では，その結果の解釈について議論するのです。よく見られる誤りは，結果で自分の解釈を書いてしまったり，逆に，考察で結果を繰り返すことに留まってしまったりするものです。ですので，結果では，自分の解釈なしに事実を述べること，考察では，その事実に基づいて解釈について検討することに注意します。

「結果」では，データ分析した結果を解釈なしに書きます。そのとき，読者が目で見てわかるようにグラフを使うようにします。グラフを使う場合は，必ず本文でその説明を書くようにします。グラフを単独で出すことはありません。

必ずその説明を本文中で書きます。

「結果」には決まった型がありません。基本的なデータ分析から始まって，複雑なデータ分析を順番に書いていくといいでしょう。データ分析の手法が変わるごとに，見出しを立てるとわかりやすくなります。

「考察」では，結果を見ながらその解釈について書いていきます。グラフをじっくり見ながら，なぜそのような結果になったのかを「推理」しながら書くといいでしょう。結果の解釈について，様々な可能性を提示します。それが考察ということになります。同時に，その解釈の限界や制限についても書いておきます。

「考察」にも決まった型がありません。一つひとつの議論ごとに見出しを立てて書いていくのがいいでしょう。

3.6.4 結論の書き方

「結論」は，以上の「序論・方法・結果・考察」全体を要約したものです。この「結論」だけを読んでも，論文の内容がわかるように書くことがポイントです。忙しい読者は，よく結論だけを読むことがあります。ですので，結論だけを読んでも，内容全体がわかるようにしておくことが大事です。

典型的な結論のパターンは以下のようなものです。

【結論】
　「こんなことが問題になっている。これを明らかにするためにこんな方法で調査（実験）した。その結果，次の3点が明らかになった。
　　(1)……。
　　(2)……。
　　(3)……。
　このことは……について，次のようなことを示唆するものである……。」

自己鍛錬 ▷ 「研究レポートを書こう」

「序論，方法，結果，考察，結論」の5部構成からなる研究レポートを書いてみましょう。

4. 生きるスキル
Life Skills

　あなたが生きている「意味」とは何でしょうか。この質問は唐突かもしれませんが，あなたが大学生である時期は，「自分が生きることの意味」を考える時期かもしれません。それは，1つは，与えられたことを学ぶという高校時代から，自分が選んだことを目標をもって学ぶという姿勢に変わるのが大学時代であるということ。もう1つは，大学を卒業する頃になると，自分が社会に出て働くということを考えざるをえないということ。この2つの要因によって，大学時代に自分の生きることの意味を考えるようになるのです。

　さて，あなたが生きる意味とは何でしょうか。それにはいろいろな答えがあるでしょう。しかし，あなたの「生きる意味」に正面から答えてくれるような大きな理論はたくさんはありません。

　今から約100年前に活躍した心理学者のアルフレッド・アドラーは，あなたの「生きる意味とは何か」という質問に正面から答えようとする大きな理論を構築しました。それは「個人心理学（Individual Psychology）」，あるいは「アドラー心理学（Adlerian Psychology）」と呼ばれています。この章ではアドラー心理学からの「世界の見方」についての提案を聞いてみましょう。

4.1 3つの人生の課題（ライフタスク）

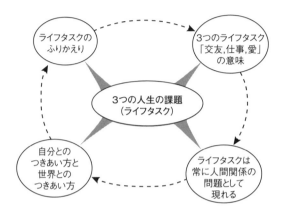

● point ●

あなたは何のために生きているのでしょうか。自分の人生で何を成し遂げたいと思っているのでしょうか。たとえば，目標を共有した友だちと協力しあって何かおもしろい企画を立ち上げること。自分の能力を活かした仕事をして社会に貢献すること。パートナーを見つけて幸せな家庭を作ること。このように，自分が人生でやろうと思っていることについては，それぞれの人でいろいろなイメージがあると思います。

私たちが自分の人生で成し遂げるべき課題を「人生の課題（ライフタスク）」と呼びましょう。人生の課題について，アドラーは，こんなたとえを使っています。まるで学校の先生が生徒に宿題を出すように，私たちはそれから逃げることのできない「人生の課題」を割り当てられているのです。

4.1.1 3つのライフタスク「交友，仕事，愛」の意味

人生の課題は大きく3つに分けられます。1つめは，交友の課題です。これは，いろいろなグループや共同体の中でほかの人たちとどのようにつきあうかという課題です。2つめは仕事の課題です。これは，この地球上で暮らしていくためにどのようにほかの人と協力して仕事をしていくかという課題です。そして

3つめは愛の課題です。これは，人類の一員として生き延びていくために自分と違う性のパートナーを見つけて協力するという課題です。

　これら3つの課題こそが私たちが例外なく人生で果たすべき課題であり，そこから人生の意味が生み出されていくのです。

　これを大きな視点で見るとすれば，愛の課題は，人類という種が，絶えることなく継続していくという課題に関わります。そして，仕事の課題は，資源も環境も有限である地球上において，人間が生存し続けるためにはどうすればいいかということに関わります。最後に，交友の課題は，自分とほかの人々が協力しあうためにどのようにしていけばいいかを学ぶという課題に関わります。

　確かに一人ひとりの人生は短く，はかないものです。しかし，地球と人類という大きな視点で見れば，私たち一人ひとりはその全体に関わっているのです。このような感覚を，アドラーは「共同体感覚（Social interest）」と呼びました。共同体感覚というのは，私たちが，大小さまざまな共同体の中で，どのように考え，どのように行動していけばいいのかの視点をもつという感覚です。そして，すべての人がこの共同体感覚をもつことが人類の継続と幸福のために必要なことであるとアドラーは考えたのです。

4.1.2　ライフタスクは常に人間関係の問題として現れる

　共同体感覚は生まれつき備わっているものではありません。そうではなくて私たちが成長とともに学び，身につけていかなければならないものです。私たちが，交友，仕事，愛における人生の課題に直面するときが，共同体感覚を学ぶ機会となるのです。

　私たちは人生で，いろいろな困難や悩みに直面します。たとえば，受験，就職，恋愛，結婚，子育て，病気，介護，死別といった困難や悩みです。しかし，よく考えてみると，こうしたことは，人々に共通したライフイベントとして誰にでもやってくるものです。そして，どんな人も何とかして乗り越えていくのです。こうしたライフイベントは何とか乗り越えられます。しかし，生きていると人間関係の悩みは常にあります。たとえば，学校での友人関係，サークルでのつきあい，アルバイト先での人間関係，家族とのつきあい，恋人との関係など。このような人間関係は，ライフイベントがあるかどうかにかかわらず，生

4. 生きるスキル (Life Skills)

きている限り常に存在しています。

交友，仕事，愛におけるライフタスクというのは，このような人間関係の問題をどのように解決するかという形で現れてきます。人間関係は悩みの源泉ではなく，それこそが人生の課題であり，生きるということなのです。ですから，人間関係でいろいろなトラブルや悩みごとがあったとしても，それを避けるのではなく，人生の課題として受け止めていく勇気をもちましょう。

人間関係こそが私たちが解決しなければならない人生の課題なのです。その過程で，私たちは共同体感覚を学んでいるのです。

人間関係の問題を解決していくためには，まず，対等な立場でよく話し合うことです。進化の過程で，人類が言葉というコミュニケーションの道具を発達させたのは偶然ではありません。相手と意思疎通をするためには言葉という道具が必要だったのです。自分が何を考えているのかを言葉で相手に伝え，相手が何を考えてるのかを言葉で聞いて理解する，このことによって自分と相手が初めて協力することができます。これは明らかなことです。しかし，私たちはつい，相手の考えをきちんと確認しなかったり，自分の考えを言葉にして相手に伝えるのを省略してしまいがちなのです。

ですから，まず言葉でのコミュニケーションをトレーニングすることから始めましょう。相手の言葉をきちんと聞き，自分の考えをわかりやすく話すスキルを身につけることです。これが人間関係の課題を解決する第一歩となるでしょう。

4.1.3 自分とのつきあい方と世界とのつきあい方

人生の課題として，交友，仕事，愛の3つの課題をあげました。もしさらに人生の課題を追加するとすれば，それは次の2つになります。1つは，自分自身とのつきあいかた，つまり「自己との調和」という課題です。もう1つは，世界と自分との関係を考えること，つまり「世界との調和」という課題です。

ほかの人たちとつきあうこともなかなか大変ですが，自分自身とつきあうことも難しいことです。これが「自己との調和」という課題です。だれでも現在の自分に満足している人はいません。現在の自分は，常に発展途上であり，常に不完全な存在なのです。したがって，このような不完全である自分を受け入れて生きていかなければなりません。

4.1 3つの人生の課題（ライフタスク）

そうしたうえで，自分の内側にある隠された能力を発掘し，それをトレーニングして，開発していかなければなりません。その過程ではうまくいかないことも，失敗することもあるでしょう。しかし，失敗する恐れを手放して，チャレンジしなければ成功はありません。そのようにして，過度に落ち込むことなく，自分とつきあいながら自分自身を成長させていくのです。これが「自己との調和」という課題です。

もう1つは「世界との調和」という課題です。なぜ自分がこの地球上に生まれてきたのかということを知りたい人もいるでしょう。また，自分の存在の意味が何かということを知りたい人もいるでしょう。このように，世界と自分との関係を考えることが「世界との調和」という課題です。別の言葉で，精神性／霊性（Spirituality）の課題，あるいは，宗教や神について考える課題ともいえます。このように，人間を超えた存在について考えることが，自分と世界／宇宙との調和について考えることになるでしょう。

自己鍛錬 ▷「同僚，友人，パートナー，家族，そして，自分」

あなたの人生上のタスクである，同僚（仕事やアルバイトで一緒に働いている人），友人，パートナーや恋人，家族（親や子供）との人間関係についてふりかえってみましょう。

(1)「うまくいっている」と感じる人間関係はどれですか。どんなことがそれを感じさせますか。

[
]

(2)「あまりうまくいっていない」と感じる人間関係はどれですか。どんなことがそれを感じさせますか。

[
]

(3)「あなた自身とのつきあい」はうまくいっていますか。どんなことがそれを感じさせますか。

[
]

4.2 あなたは理想の自分を目指している

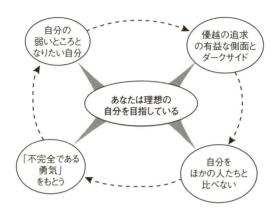

● point ●

　あなたは日々生きています。しかし，ただ生きているわけではなくて，理想の自分になろうとして努力しているはずです。これをアドラーは「優越の追求（Superiority striving）」と呼びました。

　理想の自分という目標があるので，それと比較してみると，現在の自分は必ず劣っています。理想の自分と現在の自分とのギャップ，これをアドラーは「劣等感（Inferiority feelings）」と呼びました。劣等感というと，ネガティブなもののように見えます。しかし，実際のところ，すべての人がいつでももっている「フィーリング」なのです。なぜならば，すべての人は「理想の自分になろう」という目標をもっていて，それと比べれば現在の自分は必ず劣っているからです。それが劣等感として感じられるのです。そして，この劣等

図4-1　劣等感とその補償としての努力

感をバネにして，私たちは目標に向かって努力していきます。これを「補償（Compensation）」と呼びます。

4.2.1 優越の追求の有益な側面とダークサイド

だれでも理想の自分をもっているので，現在の自分に対して劣等感を抱きます。その劣等感をバネにして努力をするのです。あらゆる障害をはねのけて，目標とすることをマスターしようと進むこと，そしてそのことが社会に貢献することであれば，それは優越の追求の有益な側面ということができるでしょう。

しかし，その優越の追求が単に，ほかの人に勝とうとすることであれば，それはダークサイドとなってしまうでしょう。その努力は，まわりの人に敵対し，まわりの人を貶め，自分自身を優位に立たせようとしているだけのことです。そして，いずれ自分が属している共同体を破壊することになるでしょう。

誰かに勝ったからといって，自分が何かをマスターしたわけではありません。ただ優劣が明らかになったからといって，何かを生み出したわけでもないのです。逆に，それまで協力しあっていた関係を破壊してしまうこともあるでしょう。誰かに自分の価値を認めさせようとすることはできません。自分の価値は優越の追求がその共同体に有益となったときに，自然にそのメンバーが認めることなのです。競争によって自分の価値を誰かに強要することはできません。

4.2.2 自分をほかの人たちと比べない

現代社会にはあまりにも多くの競争や勝ち負けがあります。「勝ち組・負け組」といったキーワードがそれを象徴しています。勝たなければ負け，そして負ければ不幸になる，という図式が蔓延しています。しかし，幸福はけっして勝ち負けによって達成されるものではありません。

あなたの目標を追求することが大切なのです。そして，その努力が，あなたの所属している共同体のメンバーの役に立つということです。そのことが，あなたの価値を自分で感じることができ，その結果として，あなたの幸せを生み出すのです。

自分自身をほかの人たちと比べないようにしましょう。もちろん，ほかの人

4. 生きるスキル (Life Skills)

たちがどのようにやっているかを観察して，それを自分の参考にすることができます。しかし，ほかの人たちはそれぞれの自分独自の理想を追求しているはずです。ほかの人たちの理想は，あなたの理想とは違うものです。ですから，あなたはあなただけの理想を追求しましょう。そして，その努力によって，社会に役立つ人になることです。それが優越の追求の有益な側面なのです。勝利の追求というダークサイドに落ちないことです。

4.2.3 「不完全である勇気」をもとう

理想の自分を目標として優越の追求を続けていても，劣等感がなくなるわけではありません。理想の自分というのは，永遠に到達できないものなのです。だからこそ「理想」なのです。理想を基準として考えれば，どんなに努力をしてもパーフェクトな自分になることはないのです。ですから，常に「不完全である自分」を認めましょう。言い換えれば，不完全である勇気（Courage to be imperfect）をもつことです。

完璧であろうとすることを求めすぎると，完璧主義（Perfectionism）あるいは完全主義となってしまいます。完璧主義が社会に浸透すると，ミスを許さない（Mistake-centered）人々が多くなります。ミスを許さない社会では，いつでも誰かの誤りや間違いについて不寛容な人々を作り出します。その結果として，成功を讃える（Success-centered）人々が少なくなり，いつでも誰かの揚げ足を取ろうとする社会になります。そうした社会の人々は，神経質で，神経症的（Neurotic）なものとなり，幸福な社会にはならないでしょう。

今の自分と平和につきあうために，まず不完全である勇気をもちましょう。今の自分にオーケーを出しましょう。確かに，今の自分は未熟で，不完全であるかもしれません。しかし，今の自分自身を受け入れなければ，永遠にあなたは自分を受け入れることはないのです。なぜなら，あなたは永遠に不完全なのですから。

今の不完全な自分を受け入れるためには，ただほかの人と自分とを比べなければいいのです。ほかの人と比較しなければ，今の自分を受け入れることができます。そして，理想の自分に向かって努力を続けることができるのです。その努力はいつの日かあなたに，社会の人々のために役立てることができる知識と技能を身につけさせるでしょう。

4.2 あなたは理想の自分を目指している

自己鍛錬 ▷ 「自分の弱いところとなりたい自分」

あなたが「自分はここが弱いな」と感じたときのことを思い出してみましょう。

(1) どんなときに「自分はここが弱いな」と感じましたか？

[
\
\
\
\
]

(2) そのあと，どのように考えたり，行動したりしましたか？

[
\
\
\
\
]

(3) あなたの「なりたい自分」とはどんな自分ですか？

[
\
\
\
\
]

4.3 あなたは人間関係に埋め込まれている

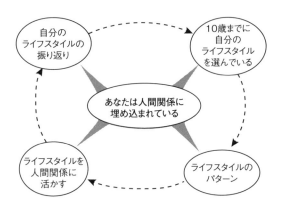

● point ●

　私たちは理想の自分を目指して日々努力しています。しかし，理想の自分というのは一人ひとり違った独自のものです。ある人は，自分の好きなことを自分のペースでやることが理想かもしれませんし，人から好かれる人気者になることが理想かもしれません。また，人の上に立つリーダーが自分の理想かもしれませんし，人知れず努力してすごいことを成し遂げるのが理想の人もいるかもしれません。

　このように，人は一人ひとり違った自分を目指し，その結果，その人の生き方はほかの人とは違った独自のものになります。しかし，自分の生き方というのは，自分にとってはあまりにも当たり前で自然なことなので，それが独特のものなのだという事実になかなか気づきません。自分の生き方の独自性は人生を通じて一

図 4-2　人はそれぞれ独自のライフスタイルをもつ

貫して現れてきます。これをアドラーは「ライフスタイル（Lifestyle）」と呼びました。

4.3.1　10歳までに自分のライフスタイルを選んでいる

　ライフスタイルというのは，自分の目標を目指した生き方の一貫した動きといえます。それは，いつ頃に，どのようにして決まるのでしょうか。ライフスタイルはだいたい10歳くらいまでに決まると考えられています。それが決まる過程には，遺伝的な要素や生育歴，家族の雰囲気や属した学校の雰囲気というものが影響してきます。しかし，最終的には，ライフスタイルは自分が選んだものです。

　私たちは，小学校の期間に，実にさまざまなことを経験します。まず，自分の活動の中心の場が，家庭から小学校のクラスに移ります。そこには，さまざまなクラスメートがいます。また，小学校ではさまざまなイベントがあります。毎日の授業だけではなく，運動会，学芸会，遠足，プール，課外活動などなど。こうしたイベントを体験しながら，私たちは自分のポジションと役割を意識することなく決めているのです。

　小学校で私たちが体験するさまざまなイベントは，人生の初期の「ライフタスク」ということができるでしょう。こうしたライフタスクに挑戦することによって，私たちは自分のライフスタイルを選んでいます。たとえば，毎日の授業科目の中で，自分が好きな科目はどれか，また嫌いな科目はどれか。クラスの友だちとどのようにつきあっていくのか。いろいろなイベントで，どのような役割を選ぶのか，どのようなポジションで参加していくのか。こうした局面で，共同体への自分の参加の姿勢を決めていきます。こうした決断の一つひとつが自分のライフスタイルを決めていくのです。

4.3.2　ライフスタイルのパターン

　ライフスタイルは個人で独自のものであって，一人ひとり細かい部分で違っているものです。もし興味があれば，アドラー派のカウンセラーを訪ねると，あなたのライフスタイルを詳しく分析してくれるでしょう。ここでは，個々人

4. 生きるスキル (Life Skills)

のライフスタイルの独自性を前提としながらも，大きく分類するとどのようなものになるかを紹介しましょう。あなたはどのパターンに近いでしょうか。

　分類のために，2つの軸を考えます。1つめの軸は「能動的（Active）か受動的（Passive）か」の軸です。「積極的か消極的か」の軸といってもいいでしょう。全体として活発で，活動的な人と，反対に，静かで，落ち着いている人がいます。これが1つめの軸です。

　2つめの軸は「対人関係優先（Person-centered）か課題達成優先（Task-centered）か」の軸です。たとえば，友だちとグループで旅行に行くとします。そのときに，「誰と行くか」ということをまず考える人は「対人関係優先」です。反対に，「どこに行くか」ということをまず考える人は「課題達成優先」です。これが2つめの軸です。

　課題達成優先で，受動的な人は「(A) 安楽であること」を最優先するライフスタイルです。まわりの人に急かされることなく自分のペースで課題を進めるのが好きです。危険やトラブルはなるべく避けたいと思っていて，そのためにはきちんと準備します。

　対人関係優先で，受動的な人は「(B) 人気者であること」を最優先するライフスタイルです。誰からも好かれることを目指します。そのためにまわりの人に気を使い，サービスをして，頼まれたら断りません。嫌われたり，仲間外れにされると落ち込みます。

　対人関係優先で，能動的な人は「(C) リーダーであること」を最優先するライフスタイルです。グループの上に立ち，人々を仕切るポジションを目指します。メンバーをまとめあげることができれば喜びです。

　課題達成優先で，能動的な人は「(D) 優秀であること」を最優先するライフスタイルです。自分の選んだことはひたすら努力して技能を磨いていこうとすることを目指します。他からじゃまがはいったり，自分にとって関心のないことに時間を使わなければならないことを嫌がります。

　いかがでしょうか。あなたは4つのライフスタイルのパターンのどれに近いでしょうか。次のページの 自己鍛錬 で自分をふり返ってみると，判断の助けになるかもしれません。

4.3.3 ライフスタイルを人間関係に活かす

　自分のライフスタイルというのは，自分にとってはあまりにも自然なことなので，意識することはあまりありません。しかし，いったんライフスタイルという考え方を意識してみると，世の中には一人として同じライフスタイルをもった人はいないということに気がつきます。そして，人間関係でトラブルや悩みがあるとすれば，お互いのライフスタイルの違いそのものが原因なのではなくて，ライフスタイルの違いを意識できないことが原因なのだとわかるでしょう。

　ですから，人間関係に悩んだら，ライフスタイルのことを思い出してください。あなたは，あなた独自の理想の自分を目指して生きています。そして，あなたがつきあっているまわりの人たちもまた，それぞれの理想の自分を目指して生きているのです。それはあなたとは違います。一人ひとりが目指しているものが違うのです。それを理解したうえで，お互いに協力できることを探していくこと，それが人間関係というライフタスクなのです。

自己鍛錬 ▷「自分のライフスタイルの好きなところ，変えたいところ」

(1)　自分のライフスタイルで，好きなところをあげてみましょう。

[　　　　　　　　　　　　　　　　　　　　　　　　　　　　　　]

(2)　自分のライフスタイルで，好きではないところをあげてみましょう。

[　　　　　　　　　　　　　　　　　　　　　　　　　　　　　　]

(3)　自分のライフスタイルで，変えたいと思うところはどんなところですか？
　　それをどんなふうに変えたいと思いますか？

[　　　　　　　　　　　　　　　　　　　　　　　　　　　　　　]

4・4 あなたは自分の好きなように世界を見ている

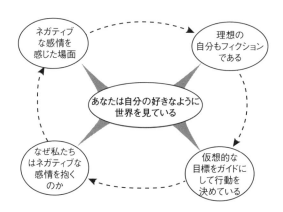

● point ●

　ちょっとしたことで相手が「怒っているのかな」と自分が思うと，本当に相手が怒っているように見えてきます。しかし，実際のところは相手は何とも思っていなかったりします。このように，私たちは自分の好きなようにまわりの世界を見ているのです。これをアドラー心理学では仮想論（Fictionalism）と呼びます。

　仮想論をとるとすれば，私たちは世界を正しく見ているわけではありません。ただ自分が考えているものである「かのように（As if）」見ているだけなのです。相手が怒っているかのように考えれば，相手は怒っているように見えますし，反対に，相手が笑っているかのように考えれば，相手は笑っているように見えるでしょう。

　このように，私たちが世界を見るやり

図 4-3　怒っているのかなと思うと本当に怒っているように見える

方は，主観的であり，さらに無意識的なものでもあります．それにもかかわらず，私たちは自分が正しく世界を見ていると何の根拠もなく信じています．まず，自分の世界の見方が，絶対的に正しいものだという思い込みを捨ててみましょう．

4.4.1 理想の自分もフィクションである

人は誰でも理想の自分のイメージをもっていて，それを追求しているということをいいました．この理想の自分というのも，自分で決めたフィクションです．フィクションだから意味がないというのではなく，それをリアルな世界で具体化する（Concretization）という行動が大切なのです．具体的な行動をすることなく，フィクションの世界で理想の自分を追い求め続けていると，神経症的になってしまいます．

自分がいだいているフィクションは自分自身が作り上げたものですから，自分で作り変えることもできます．たとえば「まわりの人々は非協力的であり，自分には何かをなしとげる能力がない」であるかのようなフィクションを信じている人は，なかなか自分で行動を起こすことができません．

しかし，「まわりの人々は私を応援してくれる」かのように考え，さらに，「自分には何かをなしとげる能力がある」かのようにフィクションを作り変えれば，行動を起こしてみようという勇気がわいてくるでしょう．理想の自分というイメージはフィクションです．しかし，その目標を追求して具体的な世界で行動を起こすということが大切なのです．

4.4.2 仮想的な目標をガイドにして行動を決めている

理想の自分というフィクションに基づいて，私たちは「仮想的な目標 (Fictional goal)」を常にもっています．仮想的な目標というのは「こういう状況では私はこんなふうに行動したい」とか「こういう状況ではほかの人たちはこんなふうに行動するべきだ」というような願いや願望です．この仮想的な目標をガイドとして，私たちは自分の行動を決めているのです．

自分がなぜこんなふうに行動するのかと考えたとき，それは自分が無意識にもっている仮想的な目標に基づいて決めたものだということに気がつくでしょう．たとえば，あなたが所属しているグループの中で，意見が2つに割れて対

4. 生きるスキル (Life Skills)

立しているとき，あなたはどのように行動するでしょうか。

あなたが，対立するグループの仲をとりもって，何とか仲良くさせたいと考えるのであれば，あなたの仮想的な目標は「人々は対立するべきではない。私は対立を解消するように行動しなければならない」ということでしょう。そうではなくて，どちらかのグループに入って，対立するグループから独立しようとするのであれば，あなたの仮想的な目標は「私は自分の意見に従って決断しなければならない。同調する人は私についてくるべきだ」ということでしょう。

どちらの仮想的な目標が正しいとか，より良いとかはありません。仮想的な目標は人によって異なるものです。それは，その人の理想の自分というフィクションに基づいて決まってくるものなのです。

4.4.3 なぜ私たちはネガティブな感情を抱くのか

私たちは，怒りや不安，悲しみや後悔というようなネガティブな感情にとらわれることがあります。こうしたネガティブな感情を，アドラーは「人々を引き離す感情（Disjunctive affect）」と呼びました。確かに，怒りや不安や後悔といった感情に支配されているとき，まわりの人々を信じることができなくなりますし，自分が一人ぼっちになってしまったような感じにとらわれます。

なぜ，このようなネガティブな感情がわくのでしょうか。それは自分の仮想的な目標が妨害され，達成できなかったときにわきます。たとえば，自分の仮想的な目標が「人々は私についてくるべきだ」というものであったにもかかわらず，もし人々がついてこなかった場合，仮想的な目標は阻止されてしまいます。そのときに「これは何とかしなくてはいけないぞ」という警戒信号として，怒りや不安という感情が発動されるのです。

よく「怒りや不安という感情に自分が支配されてしまって，何もできなかった」と言ったりします。しかし，これもそうである「かのように」考えているにすぎません。アドラー的に考えれば，「怒りや不安という感情を，自分が使って，仮想的な目標を何とか達成しようとしているのだ」と考えることもできます。こう考えれば，怒りや不安の感情に自分が支配されることはないのです。そうした感情は，この局面を打開するための警戒信号として，自分が使っているにすぎないと考えればいいのです。

4.4 あなたは自分の好きなように世界を見ている

　感情は自分でコントロールできます。感情を警戒信号としてとらえてください。一瞬はその感情に支配されてしまうかもしれません。しかし，何秒か待てば，冷静になることができます。そして「自分のどんな仮想的な目標が阻止されたから，この感情がわいたのだろうか」と考えてみましょう。そして，その目標を自ら変えることができるか，あるいは，その目標を建設的に達成するにはどのような行動を取ればいいのだろうか，と考えてみてください。

自己鍛錬 ▷「ネガティブな感情を感じた場面」

あなたがネガティブな感情（がっかり，イライラ，ムカッ，不安など）を感じたときのことを思い出してみましょう。

(1)　それはどんなできごとでしたか。
　　(a)　どんな状況で……

　　[　　　　　　　　　　　　　　　　　　　　　　　　　　　　　　　]

　　(b)　誰が……

　　[　　　　　　　　　　　　　　　　　　　　　　　　　　　　　　　]

　　(c)　どうした……

　　[　　　　　　　　　　　　　　　　　　　　　　　　　　　　　　　]

(2)　そのとき，どんな感じがしましたか。

　　□ ムッとした　　□ ムカッとした　　□ 怒りがわいた
　　□ イライラした　□ がっかりした　　□ さびしかった
　　□ 悲しかった　　□ その他（　　　　　　　　　　　）

(3)　あなたは相手にどのようにしてほしかったのでしょうか。

　　[　　　　　　　　　　　　　　　　　　　　　　　　　　　　　　　]

4.5 理性と感情のうえで決めているのはあなた全体

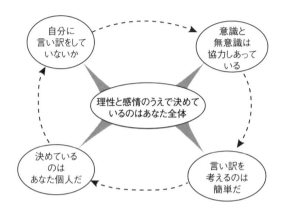

● point ●

「ダイエットしなきゃいけないのに……」と思っていても，たくさん食べてしまうことはありませんか。そういうときに，あなたは「頭ではわかっているんだけど，行動はコントロールできないなあ」と自分に言い訳をするかもしれません。

頭と体が別々なものであると考えれば，この言い訳は成立します。しかし，実際のところは，頭と体の両方があって「私自身」が成立しているわけです。頭と体を分割することはできません。このように，全体は部分に分割できないものであるとすることを「全体論（Holism）」と呼びます。アドラー心理学は，全体論の立場をとります。

考えてみると，このような言い訳はたくさんあります。「よく意識すればそんな

図 4-4　心と体は分割できない

ことをやってはいけないことは明らかなのに，つい無意識のうちにやってしまった」とか「理性ではわかっていたのに，つい感情的になってしまった」というようなことです。

4.5.1 意識と無意識は協力しあっている

ジークムント・フロイトは，アドラーと同時代に活躍した心理学者で，一時期はアドラーを自分の研究グループに招いていました。フロイトの偉大な功績は，「無意識（the Unconscious）」を位置づけたことです。人間が自分の考えや行動を意識できるのはごく一部分にすぎないのであって，それ以外の部分では無意識的に活動しているのだというモデルを提示しました。

フロイトの無意識のアイデアに対して，アドラーは無意識を「理解されていないもの（Un-understood）」として位置づけました。フロイトが，意識と無意識とは対立しあうものであると考えたのに対して，アドラーは，意識と無意識とは協力しあって，私個人という全体を動かしていると考えました。

無意識というのは，私自身がまだ理解していない自分の一部分ではあるけれども，しかし，それはあくまでも私の一部分であるから，私全体に協力するはずです。冷静に考えれば，私の一部分が，私全体に対立しなければならない理由は見つかりません。たとえ，一見対立しているように見えても，それは最終的には私全体に協力するものでしょう。なぜなら私自身が，1つの生命体であり，生命体は可能な限り生き延びようとするからです。

このような全体論の立場に立てば，意識と無意識は協力しあっていますし，理性と感情も協力しあっていますし，心と体も協力しあって，自分という全体をある目標に向かって動かしているのです。

全体論に対立する立場を「要素論（Atomism）」と呼びます。要素論は「全体は部分の集合であり，全体はより小さな部分に分割できる」と考える立場です。確かに機械やプログラムはたくさんの部品からなっていて，それが全体を作っています。しかし，植物や動物やそれらが形成する社会といったような生命現象は，要素論的な見方では説明ができません。現代では，要素論的な考え方と，全体論的な考え方の両方が必要なのです。

4. 生きるスキル (Life Skills)

4.5.2 言い訳を考えるのは簡単だ

意識と無意識は協力しあっていると考えると，ダイエットしなければいけないとわかっているのに，行動としては食べてしまうという矛盾は説明しにくいものとなります。このような場合は，最終的にとった行動があなたの決断と考えます。ですから，最終的に食べたかったわけです。しかし，それではあまり体裁が良くないので，本当はダイエットしなきゃいけないのに，という気持ちを起こしたのです。

このように，自分に対して言い訳を考えることを，アドラーは「自己欺瞞 (Self-deception)」と呼びました。最終的な行動があなたの決断です。しかし，それでは体裁が悪いときに，自分で言い訳を作り出すのです。それが自己欺瞞です。

理性ではだめだとわかっているのに，感情的に相手を罵ってしまったり，心では相手を好きだと思っているのに，行動では冷たくあしらってしまったという場合も，最終的な行動があなた自身の決断です。その決断の体裁が悪いときにあれこれと言い訳を考えるのです。

これはほかの人を評価するときにも使える判断基準です。ある人のことを評価する場合は，その人が何を言ったかということではなくて，どのような行動をしたのかということで判断しましょう。なぜならば，ほかの人もまた，さまざまな言い訳を考えるからです。

4.5.3 決めているのはあなた個人だ

全体の立場をとれば，あなたの行動を決めているのは，無意識や感情といったあなたの一部分ではなくて，あなた全体であり，全体としての個人なのです。ですから，あなたの決断に対しては，あなた個人が責任を引き受けるべきです。それを無意識や感情といったもののせいにすることはできません。

逆に言えば，あなたは個人としてすべてのことを自分で決められるのです。もちろん，あなた自身は人間関係の中に埋め込まれていますし，社会の中に埋め込まれていますし，歴史の中に埋め込まれています。しかし，そうした状況の中であなた自身の行動を決めるのは，あなた以外にはいないのです。

4.5 理性と感情のうえで決めているのはあなた全体

自己鍛錬 ▷ 「自分に言い訳をしていないか」

やらなければいけないことはわかっているのに，なかなか手をつけられないことを取り上げて考えてみましょう。

(1) なかなか手をつけられないことはどんなことですか。

[   ]

(2) なぜ，それに手をつけることができないのでしょうか。その理由を書いてみましょう。

[   ]

(3) その理由は，自分への言い訳ではありませんか。もしそうだとしたら，その言い訳に対して自分で反論してみましょう。

[   ]

4.6 あなたの人生はあなたが描く

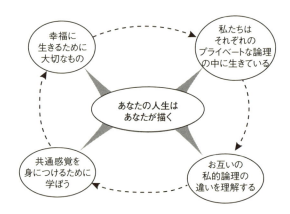

● point ●

あなたは経済的に豊かであることが大事だと思いますか。それとも，名声や地位を得ることの方が重要でしょうか。あるいは，特に注目されることはなくても，社会のためにコツコツと働くことが大切だと考えているでしょうか。これは，あなたが目指している理想の自分のイメージによって決まってくるあなたの価値観です。

あなたの価値観はあなた自身が選ぶことができます。もちろん，それはまわりの人たち，たとえば，親や先生といった人たちに影響を受けるかもしれません。しかし，最終的には，あなた自身が選ぶことです。

あなたがあなたの人生をどう進んでいくかは，あなた自身が選び，決めることができるのです。これをアドラーは「個

図4-5 あなたの人生はあなたが決める

人の主体性（Creativity）」と呼びました．自分の人生を作っていくのはあなた自身なのです．

4.6.1　私たちはそれぞれのプライベートな論理の中に生きている

　自分がどのような考えをもち，どのように行動するのかということは，私たちが，自分と世界をどのように見ているのかということによって決まってくると考えられます．自分と世界についての，その人独自の見方・考え方を，アドラーは「私的論理（Private logic）」と呼びました．

　その人の私的論理は普段は意識されません．私的論理は自分にとっては非常に自然なことなので，いちいち意識する必要がないからです．私的論理は，次の3つのことについてのその人独自の考え方です．

(1)　私はどんな人間なのか
(2)　この世界はどんな世界なのか
(3)　私のような人間がこの世界で居場所を見つけるためにどうすべきか

　たとえば，ある人は，
(1a)　私は，能力がなく，とても弱い人間である．
(2a)　この世界は，弱肉強食の厳しい場所である．
(3a)　私のような人間は，この世界で誰かに頼らないと生きていけない．
という私的論理をもっているかもしれません．

　また，ある人は，
(1b)　私は，人の上に立ち，まとめていく能力がある．
(2b)　この世界は，まとまりがなく，進むべき方向性を見失っている．
(3b)　私のような人間は，人々をまとめるリーダーとして社会の役に立つことができる．
という私的論理をもっているかもしれません．

　この2人の私的論理は，まったく異なっています．その人が，自分をどのように考えるか，また，この世界をどのように考えるかという点について，まっ

4. 生きるスキル (Life Skills)

たく違った見方をしています。それにもかかわらず，それぞれの人にとっての自分の私的感覚は，まったく疑う余地がありません。生まれてからずっとその考え方で生きてきたからです。

4.6.2 お互いの私的論理の違いを理解する

社会の中では，ほかの人たちと協力関係をもつことができなければ生きていけません。それにもかかわらず，人間関係の悩みやトラブルが尽きないのは，自分と相手とが根本的に違った存在であるということを，意識できないからなのです。その典型的な例が，お互いの私的論理の違いです。自分の私的論理はあまりにも自然なので，相手も同じ私的論理をもっていると思ってしまいがちです。しかし，明らかに一人ひとりの私的論理は異なったものなのです。

私的論理の違いが意識できないと，簡単に「自分が正しくて相手が間違っている」という判断をくだしてしまいがちです。お互いに「自分が正しくて相手が間違っている」という判断を下している限り，協力関係を結ぶことはできません。

相手との協力関係を結ぶためには，お互いに相手の私的論理を理解することが必要です。そしてその中からお互いに合意できる論理を探すことが必要なのです。この合意できる論理のことを「共通感覚（Common sense）」と呼びます。私たちが言葉を使ってコミュニケーションするのは，ただ単に相手のことを知るというだけではなく，お互いの共通感覚を探すという大きな目的があるのです。

4.6.3 共通感覚を身につけるために学ぼう

共通感覚は，まず「私とあなた」という二者関係からスタートします。そして，家族や友人や小さなグループのメンバー間の共通感覚，そしてある程度大きな共同体や組織での共通感覚，そして世界全体の共通感覚と，しだいに範囲の大きな共通感覚を見つけていくことが必要になってきます。そうすることによって，私たち一人ひとり，そして人類全体が進歩していけるのです。

私たちが，さまざまなことを学び，研究し，コミュニケーションするのは，人類全体に適用できるような共通感覚を見つけだそうという営みであるという

ことができるかもしれません。たくさんの文献や論文を読み，いろいろな人とディスカッションをして意見を交換するのは，お互いの違いを発見することと同時に，お互いの共通点を探し出して，共有できる共通感覚を見つけることにほかなりません。

そのように努力して初めて世界を見渡す視野をもつことができます。そして，あなた自身が自分独自の人生を生きていこうとする自信と勇気が生まれることでしょう。

自己鍛錬 ▷ 「幸福に生きるために大切なもの」

あなたが「幸福に生きるために大切だ」と思っているものを書いてみましょう。

(1) 1つめは何でしょうか。なぜこれが大切なのでしょうか。

[
]

(2) 2つめは何でしょうか。なぜこれが大切なのでしょうか。

[
]

(3) 3つめは何でしょうか。なぜこれが大切なのでしょうか。

[
]

引用文献

★1：トニー・ブザン『新版 ザ・マインドマップ（R）』ダイヤモンド社，2013
★2：外山滋比古　『「読み」の整理学』筑摩書房（ちくま文庫），2007
★3：川喜田二郎『発想法―創造性開発のために』中央公論社（中公新書），1967
★4：横山雅彦『高校生のための論理思考トレーニング』筑摩書房（ちくま文庫），2006
★5：唐津　一『販売の科学』PHP研究所，1993
★6：バーバラ・ミント『考える技術・書く技術』ダイヤモンド社，1999

読書案内

1. **学ぶスキル（Study Skills）** ………………………………………………………………

● 梅棹忠夫（1969）『知的生産の技術』岩波書店（岩波新書）

　学校では，知識は教えるけれども，知識の獲得のしかたはあまり教えてくれない，と著者は言って，この本では，読み，書き，調べ，研究するといった創造的な知的生産を行うための方法を提案しています。

　この本は，まだパソコンもコピー機もなかった時代に書かれたものですが，著者は，すべての情報を，B6判のカード（京大式カード）に書いて一元管理することによって知的生産の能率をあげようと提案しています。これは現在でも通用する方法だと思います。

　データや情報を体系的に扱っていくための学問が「情報科」という形で必要になってくるだろうということを，40年以上前の時代にすでに予見していたのには驚かされます。

● 外山滋比古（1986）『思考の整理学』筑摩書房（ちくま文庫）

　「学校はグライダー人間の訓練所である。飛行機人間はつくらない」と著者は言います。学校の生徒は，先生と教科書に引っ張られて勉強する，いわばグライダーのようなものです。しかし，グライダーにはエンジンがついていないので自力で飛ぶことができないというわけです。

　この本は，グライダー人間が自力で飛べるようになるための具体的な方法を紹介しています。たとえば，いつでも何か考えが浮かんだらそれをメモに取ります。そのメモは1冊の手帳に時系列順に書いていきます。そして，しばらく寝かせておきます。時々この手帳を見返してみると，「これは」というアイデアが見つかります。その時に，別のノートを作り，そこにその内容を書き写すのです。できれば見出しをつけておきます。このようなノートを作っていけば，自分のアイデアがすべて格納されたものになります。それは，あなたが何かを書く時のアイデアの源泉となるでしょう。

● 川喜田二郎（1967）『発想法──創造性開発のために』中央公論社（中公新書）

　この本でも取り上げたデータ整理の手法の1つである「KJ法」について書かれた本です。KJ法は，単にデータ整理をするための方法ではありません。問題提起→探検→観察→記録→分類→統合というような，科学の一般的な方法を構想しているのです。

この本を読むことで，独創的な発想やアイデアを得る方法について知ることができるでしょう。また，そのようにして得られたアイデアをまとめていく技術を身につけることができるでしょう。

2. 書くスキル（Writing Skills）

● 木下是雄（1981）『理科系の作文技術』中央公論社（中公新書）

タイトルは「理科系の作文技術」となっていますが，理科系に限らず，すべての領域の文章はこの本のように書かれるべきです。

この本では，次のようなことを扱っています。主題の選び方，文章の構成の仕方，パラグラフ（段落）の作り方，事実と意見の書き分け方，わかりやすく簡潔な表現の仕方，そして，学会などでの講演のやり方。

文章を書くにあたっては，まずこの本を読むのがいいと思います。これまでの自己流の文章の書き方をすべて捨てて，簡潔でわかりやすく論理的な構造をもった文章を書く練習から始めましょう。

● 篠田義明（1986）『コミュニケーション技術―実用的文章の書き方』中央公論社（中公新書）

実用文とは読み手に対して行動を求めるような文章です。この点で，小説や評論文やエッセイなどの文章と実用文とは区別されます。そして，現代では誰もが実用文を書くことが求められているのです。大学で書くレポートも実用文の1つです。

この本では，誰もが，正しく速く実用文を書けるようになる方法が紹介されています。特に，パラグラフ（段落）の展開について，詳しく書かれています。

● バーバラ・ミント（1999）（山崎康司訳）『考える技術・書く技術―問題解決力を伸ばすピラミッド原則』ダイヤモンド社

読まれる文章を書くためには，導入部がポイントであり，それはストーリー形式で書きなさいと指南してくれます。その構成は，この本でも取り上げたように「状況（主題に対して確認されている事実）→焦点化（その次に起こった疑問へとつながる事柄）→疑問→そしてあなたの文章が答えを出す」という形式に従います。

さらに、「ピラミッド原則」が紹介されます。ピラミッド原則とは、次のようにメッセージを階層化したものです。
- あるメッセージはその下位グループのメッセージを要約したものであること
- 各グループ内のメッセージは同じ種類のものであること
- 各グループ内のメッセージは論理的な順序で配置されていること

このように階層化されたメッセージを作り、それを文章化することによって、その文章は論理と説得力を備えるようになります。

● 向後千春（2014）『200字の法則─伝わる文章を書く技術』永岡書店

1つの段落の長さは200字が最適とされています。この本は、まず200字の文章の書き方をマスターすることによって、どんな長さの実用文でも書けるように指導しています。

実用文の種類にはさまざまなものがあります。企画書・提案書、報告書・連絡文・謝罪文、勧誘文・依頼文、レポート、紹介文・推薦文、ブログ・エッセイ・日記、自己PR・エントリーシートなどです。この本では、このような種類の文章のそれぞれについて、実例を示しながらその書き方を解説しています。

3. リサーチスキル（Research Skills）

● 向後千春・冨永敦子（2016）『身につく入門統計学』技術評論社

現代は、どんな領域であっても、量的なデータを取り、それを分析した結果を土台として仕事を進めていきます。そうした仕事に関わる人はすべて、データを整理して、分析結果を読み取っていく能力が求められています。

とはいえ、「統計学」と聞くと難しいと尻込みしてしまう人も多いでしょう。この本は、統計学の最初の一歩として、数式をほとんど使わずに、表計算ソフトを活用して、データをどのように整理して、分析結果をどのように読み取ればいいのかということを解説しています。また、同時にリサーチをどのように進めていけばいいのかというヒントにもなるでしょう。

4. 生きるスキル（Life Skills）

● **向後千春（2014）『アドラー"実践"講義　幸せに生きる』技術評論社**

　アドラー心理学の5つの理論的柱である「目的論，全体論，仮想論，社会統合論，個人の主体性」をわかりやすい言葉で解説してあります。それぞれについて「ワーク」の実例が描写されていますので，それに従って自分でやってみることにより，理論を実感することができます。

● **向後千春（2016）『人生の迷いが消える　アドラー心理学のススメ』技術評論社**

　この本は，人生のさまざまな時期に起こってくるいろいろな悩みやトラブルに，アドラー心理学ではどのように考えるかということを具体的に提案してくれます。その悩みとは，たとえば，変わりたいのに変われない自分であったり，イライラする自分を抑えられなかったり，人間関係がうまくいかなかったり，子育ての悩みであったり，避けられない老いと病といったようなことです。

　こうした悩みにアドラー心理学はどのようにアプローチするのでしょうか。あなたとあなたの人生についての新しい見方をこの本から読み取ってみましょう。

索 引

● 五十音順

●あ

愛の課題　111
アウトライン　43
アドラー（Adler, A.）　109
アドラー心理学　109
アルファー読み　23
アンケート　90, 93
アンケート調査　92
アンダーバー　36
安楽であること　120

●い

eラーニング　18
言い訳　128
怒り　124
一般書　25
イノベーション　86
因果関係　91
インタビュー　46, 90
インタビュー調査　92

●お

大判プリンター　80
オンデマンド授業　20, 32
オンラインコミュニケーション　30

●か

階層構造　35
概念　89
開発　85
学術書　25
箇条書き　15, 29
仮想的な目標　123, 124
仮想論　122
課題達成優先　120
価値観　130
かのように　122
川喜田二郎　44
観察ノート　46
感情　124
関数　100
完璧主義　116

●き

企画　85
京大式カード　24
共通感覚　132
共同体感覚　111
巨人の肩の上に立つ　22
議論　56, 59

●く

Googleドライブ　37, 76
Googleブックス　27
具体化する　123
クラウドサービス　37
クラウドストレージ　37
グループでKJ法　47

索引

●け

結果　106
結論　61, 68, 107
研究　85
研究レポート　104
原文ママ　29

●こ

考察　106
行動的変数　90
交友の課題　110
コーネル式ノート　15
誤差範囲　103
個人心理学（Individual Psychology）
　　109
個人の主体性　130
コミュニケーション　112, 132
コメントシート　19

●さ

サイボウズLive　38
索引　25
指し棒　79
サポート文　73
三角ロジック　53, 56, 65

●し

自己欺瞞　128
仕事の意味　86
仕事の課題　110

自己との調和　112
支持文　73
姿勢　79
視線　79
質疑　58
質的データ　46
質問をする　19
私的論理　131
自動的読み　75
自由記述　95
修飾語近接の原則　72
収束　40
主題文　73
主張　49, 54
主張を分類する　51
受動的　120
状況　62
焦点化　62
序論　61, 62, 105
調べ学習　48
人生の課題　110
心理尺度　94
心理的変数　90, 94

●す

推敲　73
スクリーンショット　33
素読　23
スピーチ　75, 79
スプレッドシート　37

索引

スライド　75, 76
スライドの枚数と時間の関係　80

● せ

正規分布　103
制限時間を守る　80
成功を讃える　116
世界との調和　112
接続語　72
ゼミ　21
ゼミ論　84
全員へ返信　31
全体論　126
専門書　25

● そ

ソーシャル・ネットワーク　32
属性的変数　90
卒業研究　84
卒業論文　84

● た

体言止め　72
対人関係優先　120
大福帳　19
短期記憶　35

● ち

長期記憶　35
調査　85

● て

データ　53, 54, 87
テーマ　87
テキストエディタ　20
デスクトップ　35

● と

問い　62
トゥールミン（Toulmin, S.）　53
度数　98
トピック文　73
ドメイン　31

● な

並べ替え　101

● に

人気者であること　120
人間関係　111, 121

● の

能動的　120

● は

ハードディスク　36
バックアップ　36
発散　40
発声　79
パフォーマンス　90
ハンドブック　25

索引

反駁　57
反論　59

●ひ

引き離す感情　124
表計算アプリ　98
表札　44
標準偏差　100, 102

●ふ

ファイル　35
ファイルの名前のつけ方　35
不安　124
フィールド調査　92
フィールドノート　44
フィクション　123
フェイスシート　93
フォルダ　35
不完全である勇気　116
不完全な存在　112
フリーライダー　20
プレゼンテーション　74, 79
ブレンド型授業　32
フロイト（Freud, S.）　127
文献カード　24

●へ

平均　100, 102
ベーター読み　23
変換ミス　70

返信　31
変数　90

●ほ

ポインター　79
方法　106
補償　115
ポスター発表　80
本論　61, 65
本を検索する　27
本をどう読むか　23

●ま

マインドマップ　16, 41

●み

ミス　116
ミスを許さない　116
ミニッツペーパー　19

●む

無意識　127
無線LAN　36

●め

メーラー　31
メールを使う　31

●も

モデル　91

索 引

● ゆ

優越の追求　114
優秀であること　120

● よ

要素論　127

● ら

ライフイベント　111
ライフスタイル　119
ライフタスク　110, 119
ラベル　44

● り

リーダーであること　120
理解されていないもの　127
リサーチスキル　85
理想の自分　114, 118
量的データ　46

● る

ルーチンワーク　86
ループ　43

● れ

レジュメ　29
劣等感　114
レポートの分量　60

● ろ

論拠　53
論証済みの主張　66
論文を検索する　28

● わ

ワラント　53, 54
ワンセンテンス・ワンアイデア　71
ワンパラグラフ・ワントピック　73
ワンワード・ワンミーニング　71

索 引

● A～Z

● B

BBS（電子掲示板） 20
Bcc: 31

● C

Cc: 31
CiNii 28

● D

Dropbox 37

● E

Evernote 38
Excel 37, 98

● F

Facebook 33

● G

Google Scholar 28
Google フォーム 96

● K

Keynote 76
KJ 法 44, 45

● L

LMS（Learning Management System） 32

● N

Numbers 98

● P

PowerPoint 37, 76

● S

S-C-Q モデル 62
Skype 33
SNS 32

● T

Twitter 33

● W

Word 37

● X

XMind 42

著者紹介

向後　千春（こうご　ちはる）

1958年生まれ。
早稲田大学人間科学学術院教授　博士（教育学）（東京学芸大学）
専門は教育工学（特に，eラーニング，インストラクショナルデザイン），
教育心理学（特に，教授法，生涯学習，作文教育），アドラー心理学（その実践と実証研究）

【おもな著書】

『人生の迷いが消える　アドラー心理学のススメ』（技術評論社，2016）
『アドラー"実践"講義』（技術評論社，2014）
『コミックでわかるアドラー心理学』（中経出版，2014）
『上手な教え方の教科書　入門インストラクショナルデザイン』（技術評論社，2015）
『教師のための教える技術』（明治図書出版，2014）
『200字の法則　伝わる文章を書く技術』（永岡書店，2014）
『いちばんやさしい教える技術』（永岡書店，2012）
『統計学がわかる【回帰分析・因子分析編】』（技術評論社，2008）
『統計学がわかる』（技術評論社，2007）

18歳からの「大人の学び」基礎講座
―学ぶ，書く，リサーチする，生きる―

2016年10月20日　初版第1刷発行	定価はカバーに表示
2020年 6月20日　初版第3刷発行	してあります。

著　者　　向　後　千　春
発行所　　㈱北大路書房
〒 603-8303　京都市北区紫野十二坊町 12-8
電　話　(075) 431-0361 ㈹
F A X　(075) 431-9393
振　替　01050-4-2083

編集・制作　本づくり工房　T.M.H.
印刷・製本　創栄図書印刷㈱
ISBN 978-4-7628-2954-3　C0037　Printed in Japan © 2016
検印省略　落丁・乱丁本はお取替えいたします。

・ JCOPY 〈㈳出版者著作権管理機構 委託出版物〉
本書の無断複写は著作権法上での例外を除き禁じられています。
複写される場合は，そのつど事前に，㈳出版者著作権管理機構
（電話 03-5244-5088, FAX 03-5244-5089, e-mail: info@jcopy.or.jp）
の許諾を得てください。

大学生のためのキャリアガイドブックVer.2

寿山泰二, 宮城まり子,
三川俊樹, 宇佐見義尚,
長尾博暢　著

A5判　176頁　本体1800円+税
ISBN978-4-7628-2916-1

大学で何を学ぶか，労働する意味，自分の適職とは。キャリア発達を踏まえながら，経済学・経営学・心理学・教育学などの総合的視点で解説。2頁見開き1テーマで編集し，女性や社会人学生のキャリア，大学生のカウンセリング事例も掲載した好評書籍の改訂版。

はじめてのR
ごく初歩の操作から統計解析の導入まで

村井潤一郎　著

A5判　168頁　本体1600円+税
ISBN978-4-7628-2820-1

オープンで常に最新のソースが実装され，いろいろなデータ分析を行うことができるフリーソフト「R」。本書は，はじめてRに触れる人を対象に，Rを使っての統計解析の最初の一歩を踏み出すための説明を，コンパクトにまとめた。

大学基礎講座 改増版
充実した大学生活を送るために

藤田哲也　編著

A5判　232頁　本体1900円+税
ISBN978-4-7628-2484-5

好評の既刊書『大学基礎講座』を大幅に増補改訂。全体を再編成し，1・2回生に役立つことはもちろん，レジュメ作成・ゼミ発表・論文作成にいたるまで，丁寧に解説。3・4回生も頼れる1冊にパワーアップした。学業生活をよりきめ細かく，徹底サポートする。

インストラクショナルデザインの道具箱101

鈴木克明　監修
市川　尚，根本淳子　編著

A5判　264頁　本体2200円+税
ISBN978-4-7628-2926-0

教えること（学ぶこと）の効果・効率・魅力をどう高めるのか？　KKD（経験と勘と度胸）から進化・脱却し，ID（学習科学に基づいた教える技術）の道へと誘うアイデア集。学びたさ／学びやすさ／わかりやすさ／ムダのなさ等を改善する101の道具を厳選。